HOY VI...
Delia Steinberg Guzmán

EDITORIAL

Editorial N.A.
Pizarro, 19
28004 MADRID
www.editorial-na.com

ISBN: 979-86-69865-69-6
Depósito Legal: M-26812-2019
Impreso en España

DELIA
STEINBERG GUZMÁN

Nace en Buenos Aires (Argentina) el 07-01-1943.

En 1972 se traslada a vivir a Madrid (España) y en 1975 obtiene la nacionalidad española.

Licenciada en Filosofía por la Universidad de Buenos Aires y graduada como profesora de Piano y Composición en el Conservatorio Nacional de Música de Buenos Aires. En 1982 creó el concurso de piano que, desde 2008, se conoce en el ámbito musical como Concurso Internacional de Piano Delia Steinberg, siendo este certamen miembro de la Fundación Alink-Argerich.

Ha sido desde 1972 hasta 1991 directora en España de Nueva Acrópolis, periodo durante el cual la actividad cultural de esta institución se extiende por más de treinta ciudades del país. También ha coordinado las actividades de Nueva Acrópolis en Europa.

Tras la muerte del fundador, Profesor Jorge Ángel Livraga en 1991, es elegida Presidente Internacional de Nueva Acrópolis, haciéndose cargo de la gestión y coordinación de la labor cultural y formativa de Nueva Acrópolis en todos los países en los que se halla implantada esta Asociación Internacional. Desde marzo de 2020, con la elección de un nuevo Presidente Internacional, es reconocida como Presidente de Honor de esta Asociación Internacional.

Entre algunas de sus obras podemos destacar:

LOS JUEGOS DE MAYA (Editorial NA. Madrid, 2001. 1.ª ed. 1980).

EL HÉROE COTIDIANO (Editorial NA. Madrid, 2002).

FILOSOFÍA PARA VIVIR (Editorial NA. Madrid, 2005).

¿QUÉ HACEMOS CON EL CORAZÓN Y LA MENTE? (Editorial NA. Madrid, 2006).

PARA CONOCERSE MEJOR (Editorial NA. Madrid, 2015).

EL IDEAL SECRETO DE LOS TEMPLARIOS (Editorial NA, 2015).

ÍNDICE

Prólogo

Hoy vi a una gran mujer...

Resulta en verdad difícil hacer entender en la actualidad el auténtico significado de unas palabras tan sencillas como las precedentes: habiéndose perdido el contenido real que un término encierra, cada cual emplea de manera arbitraria los conceptos, a través de expresiones sin más validez que la que cada uno le otorga. Así, cuando la grandeza es menospreciada por «sospechosa», cuando lo superior es sinónimo de «injusticia», ¿qué podríamos decir sin que desechemos el temor de caer en malinterpretaciones intencionadas por quienes, acostumbrados a la mediocridad característica de nuestra época, quedan cegados ante un súbito relámpago de claridad?...

Sin embargo, hablar de la Prof.ª Delia S. Guzmán y no hablar de grandeza en su más alta expresión, de autenticidad en su máximo grado de pureza, de nobleza en su más cabal contenido, sería mentir de la forma más descarada.

Es necesario disponer de una extraordinaria claridad de mente, como la de la Prof.ª Guzmán, para poder trascender las simples apariencias de la manera en que los múltiples capítulos de este libro lo hacen, a través de un lenguaje siempre renovado, de una sencillez tanto más destacada por cuanto que no por esa misma sencillez dejan los temas de tener profundidad.

«El valor de las palabras no está en lo que encierran, sino en lo que liberan», afirmaba en cierta ocasión el Prof. Jorge Á. Livraga. Y Delia S. Guzmán, como fiel discípula de las enseñanzas de su maestro, ha llevado este pensamiento a su máxima expresión: resulta en rigor imposible sumergirse en las páginas que hoy nos ocupan sin salir de ellas instante a instante más enriquecidos en esa maravillosa libertad de espíritu sin la cual, al ser humano le sería imposible llegar a ser quien es, y de cuya carencia provienen en rigor todos los males que en nuestros días nos aquejan.

No estamos, en efecto, ante una obra corriente, quizá porque su autora tampoco lo es... Pero esto es algo que, por muchas palabras que dijésemos (y todos aquellos que conocemos a Delia lo sabemos perfectamente), siempre resultarán insuficientes...

Hoy vi un gran libro...

¿Quién no se ha sentido alguna vez asombrado al comprobar que el resultado final de una suma de elementos no siempre es igual a la simple adición arbitraria de ellos, sino mayor?... ¿Quién no se ha topado jamás con la sorpresa de encontrarse ante el hecho de que una determinada obra parece de pronto superarse a sí misma, saltando por encima de los conocimientos en los que pudo nacer, y convirtiéndose a tenor de extrañas fuerzas en algo muy superior a lo que en principio pudo pensarse?...

Si es cierto —como aseguran multitud de leyendas y tradiciones milenarias de antiguos pueblos— que todo hombre tiene durante su niñez un «ángel» protector que vela por su integridad, y si fuese asimismo cierto que determinadas obras en alguna medida también parecen tener «algo» que, situado por encima de ellas en planos sutiles, vela porque su cumplimiento efectivo se lleve a cabo, muy poderosa ha tenido que ser en verdad la influencia puesta en juego para que este libro vea la luz. Afirma un antiguo proverbio árabe que «los ojos no sirven de nada a un cerebro ciego». Y precisamente, si algo hay que destacar en este libro, es la forma en que nos coloca sin el más mínimo esfuerzo ante ese universo extraño y maravilloso al mismo tiempo que, quién sabe por qué razones, no supimos ver por nuestros propios medios.

Comenzado a gestarse en 1975 como una sección fija para la revista *Nueva Acrópolis*, fueron necesarios casi siete años de labor ininterrumpida, mes a mes, hasta quedar finalizado. Sin embargo, todo aquel que lo tome en sus manos difícilmente podrá darse cuenta de esto. El contexto general, el resultado final de estos siete años de trabajo, no se nos aparece como una suma irregular de fragmentos inconexos, unidos artificialmente para calmar la curiosidad o el interés de los múltiples seguidores incondicionales que la Prof.ª Guzmán va sumando día a día, sino como un todo que, sin haber sido pensado así desde un principio, demuestra hasta qué punto el poder de una mente direccionada con firmeza por la voluntad, puede ser fiel a su propio pensamiento de manera continuada y permanente.

Hoy vi... no es un libro como otro cualquiera. Escrito en prosa, nada tiene que envidiar a cualquier obra poética conocida, pues las palabras que lo integran gozan de la rara virtud de introducirse en lo más recóndito de cada uno con pasmosa naturalidad. Conformado a modo de meditaciones en torno a temas de actualidad, sus capítulos tienen la facultad de trascender las fronteras a que el tiempo o las distancias nos someten, pues ninguno de los fragmentos que lo constituyen ha surgido como ecos de modas pasajeras que desaparecen con tanta facilidad como nacieron.

Nos encontramos, pues, ante una de esas extrañas obras cuyo aspecto externo poco o nada puede decirnos a primera vista, pero en cuyo interior late un universo completamente diferente al nuestro —oscurecido por el pesimismo y la mediocridad—; un universo que, actuando a modo de bálsamo maravilloso e imprescindible, toma la forma de un canto a la Vida, con mayúscula, en cualquiera de las infinitas formas que esta pueda asumir.

¿Qué es entonces *Hoy vi...?*: ¿un faro en la noche más oscura?; ¿la llegada a una meta largo tiempo soñada?; ¿o un milagro hecho presente cuando más cunde en el mundo el desaliento, el escepticismo y la falta de fe? En verdad, todo a la vez... y mucho más, aunque solo aquellos que lo lean comprenderán lo que queremos decir. Se podrá estar de acuerdo con las palabras precedentes o se podrán rechazar; los matices en cuanto a actitudes serán tan variados como variada es la naturaleza humana. De lo que sí estamos completamente convencidos es de que nadie, una vez que lo haya concluido, logrará permanecer indiferente. Y el tiempo, que es quien tiene en el fondo la última palabra, nos dará algún día la razón...

Manuel Crenes

Hoy vi...

Este título, lector, es un título incompleto... y así lo dejo para que en cada oportunidad en que nos encontremos, podamos llenarlo con las imágenes frescas de cada día. Son tantas las cosas que vemos... y tantas las cosas que dejamos sin ver porque nuestra atención no se detiene en ellas... Es a esas pequeñas cosas que, sin embargo, son grandes cuando se adentran en el corazón, a las que quiero dedicarles este espacio. A esas cosas de las que se habla poco, y en voz baja, porque estamos en la era del sonido exterior y el silencio interior...

...a los hombres hacer equilibrio sobre un castillo de naipes

Hoy vi a los hombres hacer equilibrio sobre un castillo de naipes. Y comprendí un poco más lo que es la inestabilidad...

Sin embargo, todos buscamos lo estable, lo duradero, lo bueno, lo que sin cambiar violentamente, nos ayuda no obstante a caminar y evolucionar.

El que de niño levanta un castillo de naipes, lo hace conteniendo la respiración; tanto es su miedo de que esa frágil estructura se derrumbe. El niño juega sabiendo que, por un tiempo, tratará de mantener erguido un sueño, unas hojitas de cartón que son la maqueta de sus realidades futuras. Pero ningún niño intentaría entrar en ese castillo, ni pararse sobre él... Eso más bien piensa que lo hará cuando «sea grande» y cuando los naipes se vean reemplazados por los bloques firmes de la realidad.

Curioso, pues, el caso de nuestros «niños grandes», que aún se figuran naipes resistentes y juegan de continuo a vivir en un ilusorio mundo de papel.

La vida, la historia, no pueden ser tan solo el relato de los movimientos fracasados para lograr el equilibrio. Antes de equilibrarse hay que observar atentamente sobre qué nos paramos. Puede que los naipes tengan más bonitos colores que las piedras y metales, pero es necesario comprender que cada cosa tiene su valor: las piedras y metales sirven para construir sólidas estructuras, y los naipes para forjar una ilusión que puede o no plasmarse alguna vez.

Si la experiencia nos hace recurrir al consejo de los que más saben a la hora de elegir una casa, un vehículo, una máquina, una medicina, también la experiencia acumulada en la historia sería la indicada para mostrar las mejores estructuras, aquellas que resisten el Tiempo y dejan posarse a los hombres firmemente sobre ellas.

Una vieja parábola oriental nos habla de que la civilización es un madero que se apoya sobre dos árboles que deben tener la misma altura para no provocar una descompensación: el Árbol del Espíritu y el Árbol de la Materia. Y nuestro Castillo Civilizatorio se deshace porque, evidentemente, hace mucho tiempo que se riega tan solo el árbol material, cuyas hojas son los naipes de nuestro cuento.

Hoy vi que son pocos, y ojalá fuesen muchos más, los hombres que riegan el otro árbol, aquel que, siendo del espíritu, ofrece justamente el orden y el equilibrio que surgen de la fe y del conocimiento.

...al hombre ciego

Hoy vi al hombre ciego.

En verdad, no estaba simplemente ciego: para mayor mal le faltaban todos los sentidos, pero nada mejor para expresar la carencia de ellos que el hablar de la ceguera. El no ver parece abarcar en su desdichada carencia de luz el no oír, el no palpar ni oler ni gustar.

Pero no creáis que el hombre de mi ejemplo tenía los ojos enfermos, ni que le faltaban los otros órganos encargados de tornarlo sensible. Mi hombre era más ciego precisamente porque tenía ojos, tenía oídos, boca, nariz y fina piel, aunque no sabía servirse de ninguno de estos elementos.

Vi al peor de los hombres ciegos: al que no quiere ni puede ver. Porque el ciego que se vale de su blanco bastón, o que necesita de la colaboración de sus congéneres para moverse, desarrolla una especial sensibilidad, que le permite saber el color del cielo, presentir la cercanía de una persona, y aun adivinar la sonrisa o el enojo en quienes le rodean. Pero este otro ciego, el que no usa bastón, el que puede caminar libremente por las calles, no advierte nada y deambula en continua oscuridad. Sin embargo, este ciego no podrá curarse mientras no perciba su ceguera, porque además de privado de los sentidos, no sabe que lo está...

Tiene historia, pero ha preferido olvidarla. Podría tener experiencia acumulada, pero ha preferido ignorarla por no considerarla «suya». Tiene familia y amigos, pero los rechaza con un individualismo egoísta que disfraza de inteligencia y superioridad. Tiene posibilidades de aprender nuevas cosas cada día, pero cree que ya lo sabe todo. Tiene arte capaz de solazarle y elevarle, pero se inclina por las malas combinaciones de ruidos, formas y colores. Tiene el modelo del orden de la Naturaleza para imitar, pero prefiere su desorden personal, que define como creatividad y libertad. Tiene a Dios en cada paso de su vida, pero lo niega, pues se siente fuerte y autosuficiente, justamente porque es ciego...

¿Y cómo enceguecíó el hombre? Porque olvidó que los sentidos, todos ellos, son apenas el reflejo de superiores y más profundas formas de ver, de oír, de gustar y sentir en general. Y el hombre usó tan solo la máquina, el aparato exterior, sin cuidar del que maneja el aparato, sin cuidar del ordenador inteligente que reside tras los sentidos.

Hoy, el hombre ciego, juega con sombras y falsas imágenes, sueña un mundo que no existe, y se destruye poco a poco a sí mismo.

Y —oh, paradoja— hombre ciego, bastaría con que te vieses, para empezar a ver... Porque el Mundo Nuevo no será ni percibido ni vivido por los ciegos.

...al hombre iluso

Hoy vi al hombre iluso.

Sé que así se llama al que vive inmerso en ilusiones irrealizables. Pero a mí me pareció que justamente el iluso no tenía ilusiones.

Me pareció ver que el hombre iluso se ha creado un mundo ficticio por falta de coraje para afrontar realidades directas. Sus ilusiones no son puentes para crear luego sólidas realidades, sino que son velos que protegen contra la verdad.

Ciertamente, la palabra *ilusión* denota su origen: *ilus* es 'barro', aquello que tiene apariencia de realidad, pero que no lo es. Por ello, las ilusiones se mantienen tan firmes como estatuas de barro bajo la lluvia... y los hombres que las sustentan se denominan ilusos, seguidores de esa apariencia engañosa.

Sin embargo, hay hombres ilusos y hay hombres con ilusiones. Si bien en un comienzo la diferencia es demasiado sutil, luego se advierte en cuanto los primeros jamás salen de su mundo fantástico, mientras que los otros se esfuerzan en concretar sus ilusiones.

El hombre que yo vi es el prototipo de muchos hombres y mujeres, jóvenes y viejos que cubren sus ojos con espesa venda y toman por realidades las sombras que se van produciendo tras esos ojos presionados.

Una vez aceptada la convención de las sombras, los pocos atisbos de realidad se retuercen y deforman hasta que llegan a justificar las imágenes borrosas de la ilusión. No es de extrañar, pues, que a diario se oigan afirmaciones y propuestas que sonarían a incongruencias aplicando la mínima dosis de sentido común. El esclavo se llama a sí mismo libre; el libre llora por las cadenas que le oprimen; el joven se amarga por el peso de la vida y el viejo se solaza en diversiones propias de la adolescencia; el vicioso adquiere fama y nombradía y el justo se esconde por vergüenza de que le consideren tonto; el ignorante se vanagloria de sus conocimientos y el sabio calla por humildad; el enfermo alardea de salud, y el sano arrastra su hipocondría. Todo es una gran ilusión, un inmenso laberinto en tinieblas donde nadie sabe cuál es la salida, pero sin que a nadie le interese verdaderamente hallarla.

Hallar la salida supone esfuerzo, y al iluso el esfuerzo le hace mal. No quiere ver, ni oír, ni actuar. A veces simplemente habla y se deja hacer.

El hombre con ilusiones que hubiese querido ver en lugar del iluso que vi —pues quien escribe también guarda sus ilusiones— es el prototipo del creador, tanto de sí mismo como del mundo en el que le ha tocado vivir.

Tiene ilusiones, sueños, imágenes, esperanzas, o como se quieran llamar, pero ellas constituyen el paso previo a un mundo de trabajos y realizaciones. Así como es impracticable construir un edificio sin planos previos, o una obra de arte sin una idea anticipada, así tampoco se puede hilar la vida sin imágenes anteriores. Las ilusiones son, de esta forma, un esquema ideal de todo aquello que se desea, pero de todo aquello que se desea hacer.

El hombre con ilusiones no es un soñador ridículo ni un fantasioso empedernido que se satisface con el solo sueño. Es un hombre práctico y ordenado que distingue el plano de la mente del plano de la concreción física. Cuando elabora sus ideas, cuando teje sus ilusiones, lo hace contando con los medios y posibilidades que le permitirán objetivarlas. Y si algunas ilusiones son más dificultosas de plasmar, no las abandona; simplemente se provee del material necesario para realizarlas en el momento justo.

El hombre con ilusiones no escapa ante las dificultades. Porque tiene ilusiones, sabe que debe vencer las dificultades, pruebas que son en su camino de crecimiento.

El hombre con ilusiones no se deja atrapar en la maraña desordenada de unas imágenes confusas y sin finalidad. Por el contrario, es dueño de sus ideas, las piensa, crea y recrea en la medida en que tiene una finalidad de destino y sabe hacia dónde debe llegar.

El hombre que querría ver no vive oscurecido por el barro de falsas realidades. Él ha aplicado la alquimia mágica y humana de la transformación de los elementos: del barro ha pasado al duro metal del hierro, que luego se hará bronce y plata, para refulgir en el oro de la verdad. Este oro final ya no se disuelve, ya no es ilusión: es el alma que anida en todos los sueños del ayer. Es el alma que vitaliza los sueños de hoy, las realidades de mañana.

...al hombre ambicioso

Hoy vi pasar al hombre ambicioso.

Al menos así me lo explicaron, y también me explicaron en qué consiste la ambición. Es un afán creciente de poder y posesión que distingue a un hombre de aquellos otros hombres que simplemente se conforman con lo que son y lo que tienen.

A primera vista, podría uno quedarse satisfecho con estas definiciones, sobre todo cuando se alienta la idea del Hombre Nuevo y Mejor que debe ampliar sus horizontes día a día. Pero, un análisis más profundo nos lleva a preguntas forzosas, cuyas respuestas no son siempre aceptables.

¿Qué busca este hombre ambicioso? ¿Con qué sueña el hombre ambicioso? ¿Cómo trabaja, por qué y para qué? ¿Qué consigue el hombre ambicioso?

El hombre que vi busca ser reconocido, tanto por sus riquezas, por su buen nombre, como por sus acciones, pero ¿quién lo reconoce?; ¿algún «Maestro en Hombres», algún ser de especiales conocimientos y sapiencia? No; el reconocimiento viene de hombres iguales a él, que persiguen los mismos fines y que luchan por los mismos objetivos en una competencia sin principios ni moral alguna. Y en cuanto a las riquezas que mencionamos, se entiende que se reducen a las estrictamente materiales, a aquellas que pueden ser medidas, pesadas y valoradas en divisas. El buen nombre es tan solo fama, y la fama le viene de acciones meritorias... nuevamente medibles en divisas.

Este hombre ambicioso sueña con ocupar una página destacada en la historia, y, de hecho, su propia ambición le hace ocupar al menos los periódicos y las páginas de las revistas de moda. Pero es porque ese hombre imagina una historia siempre igual, donde los factores socioeconómicos serán de continuo los más importantes. Sin embargo, la historia no ha sido ni será perpetuamente así...

Este hombre ambicioso trabaja de lleno, eso sí hay que reconocerlo; aunque es un trabajo que jamás le repercute en otro beneficio que la autoestimación y la estimación-aprobación de los demás. Ni siquiera tiene tiempo para disfrutar de sus riquezas, pues el acumularlas le ha hecho esclavo de la acción acumuladora. Su trabajo tiene una meta fija que no es el propio trabajo, ni la perfección creciente de la labor: la meta es otra, son los resultados del trabajo, medidos ya sea en oro o en elogiosas o falaces palabras.

Pero ¿creéis que es malo este hombre ambicioso? ¿Creéis que es así porque ha analizado a fondo su vida y sus consecuencias? Por el contrario, si así lo hiciese, comprobaría de inmediato que quema sus años en pos de cosas tan variables y poco duraderas como la fortuna material, la aprobación de los hombres, la fama y la posición destacada.

En el hombre ambicioso duermen las semillas de las más caras ambiciones humanas que, simplemente, al no poder canalizarse por las verdaderas sendas, han escogido los caminos más fáciles y trillados, por lo menos en este instante de la historia. En todo hombre duermen sueños, sueños grandes, en donde el propio valor y las propias virtudes crecen día a día y merecen un puesto en la vida. Pero el hacer vivos esos sueños, el crecer en verdad lleva mucho trabajo y esfuerzo, y tal vez los triunfos no sean tan sonados como los sencillos logros mundanales. En todo hombre late el instinto de la gloria, del honor; en todo hombre hay necesidad de una guía protectora que apruebe y desapruebe indicando aciertos y errores, aunque a falta de guía haya optado por la opinión del vulgo. En todo hombre hay capacidad de trabajo y de dación que, dignificados y elevados a su verdadera razón, lo transforman en un pequeño hacedor de milagros, en un pequeño constructor de vidas, al margen de sueldos y prebendas. En todo hombre hay ansia de imaginación creativa por encima de la máquina esclavizante de la vida cotidiana, pero al no poder plasmarla prefiere catalogarla como ridícula y dejarla de lado.

En todo hombre, por fin, hay ambición de inmortalidad. Nadie quiere ni acepta morir en una desaparición total, en ausencia de un espíritu que trascienda el tiempo y el espacio. Pero como los mitos modernos le han convencido de lo contrario, el hombre busca inmortalizarse a través de la materia, en la creencia de que ella es la única forma de expresión que posee... Grandes edificios, poderosos automóviles, inteligentes máquinas, enormes archivos, son gritos elevados al infinito pidiendo ser vivos siempre, grabar las memorias y trasladarse al futuro.

Así, no quitemos al hombre su ambición. La ambición, como toda cualidad subjetiva, no es buena ni mala; todo depende de su utilización. Enseñemos al hombre dónde debe estar su ambición, dónde radican los valores duraderos y cuál es la senda filosófica profunda por la cual ninguna ambición se topa con límites cuando el alma pide su derecho a la inmortalidad.

Para los que quieren saber, para los que aman descubrir los secretos de la naturaleza, para los que anhelan conocerse a sí mismos, para quienes buscan la armonía de la expresión en las artes, para los que pretenden escalar el Misterio, Nueva Acrópolis os ofrece una escuela para ambiciosos.

...a un hombre drogado

Hoy vi a un hombre drogado.

Arrojado al costado de un camino, revolviéndose trabajosamente y sin lograr «despertar» del todo, costaba esfuerzo determinar su edad y aun su sexo... Rechazaba todo auxilio y toda posibilidad de salir de ese estado: él quería estar así, y solo así.

Ciertamente, miles de ideas se atropellan entonces por abrirse paso en la mente. Vienen a la memoria todas las frases hechas y los argumentos utilizados para «explicar» estas tristísimas situaciones. ¿Qué es lo que le ha hecho mal a este hombre, a este joven que hoy vi? No sé si el alcohol o las múltiples variantes de estupefacientes que ahora circulan con tanta libertad, y ante las cuales no cabe mostrar el más mínimo desagrado a riesgo de ser automáticamente clasificado como «retrógrado». Pero, poco importa que fuese el alcohol o las puras drogas los que hubiesen quitado la conciencia a este hombre. Lo indiscutible es que permanecía inconsciente y con grave riesgo de no dominar jamás la plenitud de sus facultades, como continuase abiertamente en el camino que en principio había escogido.

Sí, ya lo sé: los jóvenes se drogan para «escapar», para no convivir con una sociedad que los desprecia, no los comprende y no les da cabida... Es, sin duda, el más trillado de los argumentos, y no del todo desacertado.

Es probable que las drogas ayuden a escapar de algo que desagrada. Es probable que los «mayores», los padres, los que deberían guiar a estos jóvenes, no tengan tiempo de prestarles atención ni cariño, por cuanto esos mismos mayores tratan de imitar en todo las actitudes de la juventud que al mismo tiempo no comprenden. Mientras los mayores abandonan despreocupados sus hogares, visten y bailan al «estilo joven», buscan aventuras para no «anquilosarse» y tratan de olvidar que han traído hijos al mundo, los hijos «escapan» en brazos de las drogas, y se dejan guiar por los malos consejeros que no faltan en ningún rincón del mundo.

Entonces, ¿se puede culpar a toda la sociedad del fracaso de los jóvenes drogadictos? Puede ser que la sociedad falsamente despreocupada que hoy se quiere imponer por la moda, tenga parte de la responsabilidad, pero no toda. Es imposible creer que toda la sociedad se haya puesto de acuerdo para perder intencionalmente a sus jóvenes, para destruir a los que han de detentar el futuro...

Hay otros culpables, y a ellos hay que buscarlos.

Son culpables los que han hecho lo posible y lo imposible para desmitificar todo lo válido para el alma humana, los que han «matado a Dios», los que han vilipendiado a los héroes, los que han ensuciado con sus propias bajezas las grandes gestas de la historia, los que, vestidos de «educadores de la juventud», han ensalzado los vicios por encima de las virtudes...

Son culpables los que, al estilo de la caverna de Platón, permanecen ocultos, mientras manos anónimas que para ellos trabajan, distribuyen las drogas e inician a los jóvenes en este vicio, que enriquece a unos pocos y destruye a la mayoría.

Son culpables los que, habiéndolo destruido todo —el amor, la amistad, la familia, el honor, el sentido del deber—, no encuentran cómo llenar ese vacío, como no sea con «escapatorias» a mundos ilusorios que duran tanto como el dinero en el bolsillo del drogadicto.

Son culpables los que, sintiéndose miserables y fracasados, pretenden sobresalir a toda costa, reduciendo para ello a los demás a su mismo estado, para que no haya diferencia, para que reine la «igualdad», para que nadie sobresalga por sus valores naturales.

¡Es tanto más fácil destruir que construir...!

Y también, por último, son culpables los mismos jóvenes que se dejan atrapar por las drogas. Si bien son tal vez los menos culpables, no por ello dejan de serlo. La culpa consiste en falta de valor: no hace falta valor para drogarse y enfrentar a la sociedad; por el contrario, hace falta valor para rechazar las drogas y trabajar dentro de una sociedad que merece ser mejorada día a día.

Nadie puede obligar a nadie a hacer o pensar lo que no desea. La fuerza de voluntad es un bien innato a todos los humanos. Si se pueden escuchar todas las falaces voces de los mentirosos del mundo, también se puede escuchar la voz de la propia conciencia que, por natural disposición a la justicia, indica la diferencia entre lo bueno y lo malo. Si los padres fallan, si no existen amigos veraces, si la vida no se presenta bajo los matices soñados, ¡no importa!, ¡no estamos solos! Desde el fondo de la historia miles de pensadores, de filósofos, de «hombres buenos», nos hablan y nos instruyen en el sendero de la realización humana. ¡Escapar no, trabajar para mejorar, sí!

La historia, a pesar de los intentos de quienes quieren hacerla desaparecer, sigue viva. En ella vemos que las obras logradas por los que eligieron la senda del esfuerzo y de la voluntad, fueron mucho más duraderas que las pompas de jabón de los que destruyen para no construir.

La elección está en tus manos, en las propias manos del joven drogado que vi al costado del camino... Un Mundo Nuevo y Mejor nos espera.

...a un drogadicto

Hoy vi a un drogadicto... pobre ser que llevaba escrita toda su historia en su cuerpo y en su actitud.

Creí ver detrás de su figura estropeada de hoy, al joven inquisitivo de ayer, sin ideas muy claras ni definidas, pero con una enorme curiosidad por «vivir la vida». Le vi rodeado de compañeros que intentaban «hacerlo hombre» ofreciéndole nuevas experiencias. Le vi entusiasmado ante la posibilidad de evadir los problemas diarios, dejar de preocuparse por trivialidades tales como el estudio y el trabajo, y buscar en cambio una «lúcida visión de colores y sonidos extraordinarios»...

Le vi asustado antes de aventurarse a la proposición de sus compañeros, pero también le vi ceder con tal de no demostrar «cobardía» y «poca hombría». Y así empezó todo.

Luego vinieron, sumadas a la costumbre de escapar de sí mismo a través de la droga, una serie de ideas concomitantes. Vino el desprecio por todos los seres que le rodeaban (y que no se drogaban, claro está) y por ende por la sociedad en que vivía. Vino la crítica acerba a todos los sistemas de orden y a la «moral represiva» de las familias burguesas que no entendían de esta «maravilla del espíritu libre». Vino el desapego por todo tipo de lectura, de conocimiento, de trabajo y de responsabilidad. Y vino el culpar a todo el mundo por no poder comer ni mantenerse en ningún sentido sin caer en las «trampas burguesas» del trabajo remunerado. Y vino la burla por toda forma de fe y de sensibilidad.

Y sobre todo, vino la gran esclavitud... Este pobre joven que soñaba con la libertad absoluta, con el espíritu que escapa —fumando— de las amarras de la materia, con el concebir nuevos mundos ignorados en el campo de la imaginación, se encontró atrapado por la necesidad de una droga física, concreta e indispensable para lograr todas aquellas libertades. De allí a la prostitución física, psicológica y moral no quedaba más que un paso: había que lograr ser «libre» a toda costa. Y, sin embargo, quedó prisionero de sí mismo, de una necesidad artificialmente adquirida, de un mundo bajo y oscuro donde todas las debilidades se dan cita.

Hoy le vi como un muñeco de trapo... Cruzaba las calles sin advertir siquiera la presencia ni las bocinas desesperadas de los automóviles. Los brazos le colgaban al costado del cuerpo, sin vida, y los ojos aparecían perdidos en una mirada sin destino. Iba ensimismado en una sonrisa entre triste y estúpida, pensando —si podía pensar— en cómo conseguir esclavizarse un poco más para «liberarse».

La visión de este joven-viejo me llenó de tristeza, no la tristeza moral ñoña, de las «cosas prohibidas» o de la incomprensión ante los problemas juveniles. No: una tristeza por todos los fracasos acumulados en ese pobre ser, por todos los sueños quemados, por toda la energía desperdiciada, por una juventud que difícilmente iba a poder encauzarse con felicidad a partir de ese momento. Me dio tristeza ese hombre sin Dios ni fe en nadie, que, sin embargo, clamaba con su gesto por algo firme para acogerse, como un niño perdido en la oscuridad.

Y yo, que siempre voy por la vida tratando de ver cosas, de ver para aprender, pedí a Dios con todas mis fuerzas que no me dejase ver tanto dolor... Fue solo un instante de egoísmo, este el de mi ruego. Comprendí de inmediato que, para no ver más dolor, debo poner empeño en solucionar las causas de este dolor.

Mis medios de solución son pobres y humildes: mi palabra, mi pluma, pero las ofrezco con la sinceridad de alguien que también es joven y sabe de caminos de liberación sin necesidad de poner trampas al cuerpo, sino agregando, por el contrario, alas al alma.

...a un hippie

Hoy vi a un *hippie*...

Me pareció una sombra surgida desde un lejano pasado, y sin embargo, al recapacitar, tuve que aceptar que, no hace muchos años, este *hippie* había estado en su pleno apogeo. Yo sabía que el tiempo, en sus cíclicos juegos, hace aparecer y desaparecer mundos, pero el *hippie* que hoy vi me hizo meditar, entre otras cosas, en la rapidez con que ahora corren estos ciclos, en una suerte de vorágine que acelera las agujas del reloj civilizatorio.

Este *hippie* de largos cabellos, desordenados, de ropas deslucidas y falsamente desgastadas, era una viva protesta... Pero no la protesta planteada por la idea del *hippismo*: un poco más hondo se veía en él la protesta de un cambio que quiso ser sin llegar a realizarse. Era la protesta del fracaso, de una idea que, sin organización, no pudo cambiar el mundo y tiende a extinguirse apenas como una moda más.

Cuando este *hippie* nació, cuando él era mucho más que uno solo caminando a solas, cuando eran miles los jóvenes que se expresaban de parecida manera en varios rincones del mundo, había muchas cosas contra las cuales protestar. Ideas y costumbres desgastadas requerían un profundo cambio por parte de una juventud que pretendía ser pura y auténtica. La falsedad de una moral superficial pedía como contraparte una actitud íntima y noble; la contaminación ciudadana exigía en su lugar un nuevo amor por la naturaleza; el anonimato de los trabajos maquinales pedía una revalorización del esfuerzo personal que se reconociese en la pequeña manualidad o detalle original; el arte, que ya poco y nada expresaba o difícilmente se dejaba entender, fue canjeado por la artesanía;

la vestimenta propia de ese mundo desgastado fue despreciada y sustituida por un nuevo «uniforme»: el de «pobre»...

Sí, verdaderamente, el *hippie* quiso variar la forma de vida, pero tal vez no advirtió que el cambio no puede consistir tan solo en la destrucción de un viejo orden caduco, sino en la instauración de un nuevo orden válido y fuerte. Una vez más, la falsa idea de la libertad echó por tierra un sueño que pudo llegar a ser... Por «libertad» se evadieron los sistemas, la organización, el compromiso, y cada cual hizo lo que quiso y pudo... Tanto es así, que el *hippie* que vi no resume a todos los *hippies*; los hubo de variados tipos e ideas, tan complejas y contradictorias entre sí que solo quedó como consigna común la protesta. Contra lo que fuese.

Y el cambio no se pudo lograr... El mundo circundante, grande y poderoso, terminó por absorber a los «*hippies* adultos», o bien los rechazó definitivamente en una inadaptación no siempre psicológica, sino de graves males fisiológicos derivados generalmente de las drogas.

Por eso, el *hippie* que vi no es feliz ni demuestra alegría alguna. Él deambula en eterna protesta que ya nada dice. Sus semillas de buenas ideas, aquella pretendida autenticidad, aquel sueño de vida entre hermanos que todo lo pueden compartir, aquel amor por la naturaleza, hoy apenas causan una sonrisa indulgente. Porque la historia es exitista, y los *hippies* no han triunfado. La protesta no pasó de allí. Los males siguen en su sitio.

Y la juventud continúa sintiendo en su interior la efervescencia que le otorga la fuerza de los pocos años, el deseo de arremeter contra las injusticias y el anhelo de forjar un mundo nuevo y mejor.

Pero la experiencia ha servido de algo: hoy la protesta se hace con cabellos cortos en los hombres, faldas en las mujeres, y ropa limpia en general. Hoy se estudia y se trabaja, y se sabe que de nada sirve automarginarse del error, señalándolo románticamente, sino que en el corazón mismo de la tormenta, cabe siempre el puro corazón de un joven dispuesto a conquistarse a sí mismo y a ayudar valientemente a todos los demás.

...a un extraterrestre

Hoy vi a un extraterrestre...

Contra todas las opiniones generalizadas, no descendió de ningún platillo volador, ni tenía rasgos distintivos en su cuerpo, ni los ojos de color inusual, ni especiales poderes telepáticos. Tampoco me habló de su extraño planeta, ni de sus inconmensurables posibilidades de evolución, desde luego siempre superiores a las terrestres.

No intentó constituirse en «Maestro» de no reveladas verdades, ni me predijo cosas extraordinarias para el futuro de nuestro propio planeta.

No intentó justificar los grandes logros de todas las antiguas civilizaciones, adjudicándolos sin más a otros extraterrestres que, en su gran «piedad científica», vinieron en distintos momentos a ayudar a los humanos. Nada me explicó sobre el enigma de las pirámides egipcias, ni la Puerta del Sol de Tiahuanaco, ni las «pistas de aterrizaje» para naves espaciales de la pampa de Nazca, ni sobre el viajero cósmico que adorna el sarcófago maya de Palenque.

No asumió la responsabilidad de todos los adelantos de la humanidad, ni pretendió hacerme ver que esa humanidad, sin los extraterrestres, no hubiese salido de la más infantil de las etapas mágicas.

No me apabulló con el disfrazado materialismo, que convierte a todos los dioses que el hombre ha adorado en símbolos de una ciencia física extraplanetaria que ha superado lo estrictamente religioso.

No me echó en cara lo que la ciencia interespacial ha concedido a la Tierra, ni me exigió a cambio de ella exóticas fidelidades, ni más exóticos compromisos con «sabios» sin expresión física ni intelectual, ni —lo que es más grave aún— moral ni espiritual; sabios que deben seguirse sin siquiera intuirse.

No me pronosticó un mundo futuro regido por los «Grandes del Espacio», ni me invitó a realizar ningún paseo psicológico para conocer su planeta extraordinario.

No se mostró pedante ni crítico. No me pidió que no hablase con nadie de las maravillosas revelaciones que me hacía, ni tampoco me aseguró que solo los elegidos como yo podíamos tener acceso a esta nueva forma de verdad cósmico-planetaria.

No pudo hacer nada de lo anteriormente comentado, porque el extraterrestre que vi era apenas un hombre...

¿Y por qué lo vi como extraterrestre?

Porque más allá de todas las suposiciones de moda, el primero y verdadero extraterrestre que podemos conocer es el propio hombre, siempre y cuando recordemos que de terrestre tiene tan solo su cuerpo material, y que su alma tiene por patria los Espacios Infinitos del Espíritu, la misma patria de donde surgieron todos los seres que factiblemente pueden habitar numerosos planetas en el universo.

Muchas veces no se trata de buscar la verdad lejos de casa, ni de convencernos de que todo lo bueno ha de venir desde fuera, sino, por el contrario, volver los ojos a nuestra realidad circundante y buscar en ella los más exhaustivos valores.

Mucha fatuidad revelan los hombres que pretenden despertar el continuado interés del espacio exterior ante sus pequeños propósitos y experimentos. Cierto es que las Grandes Almas tienen una enorme piedad por los hombres, sus dolores y sus aciertos, pero por lo mismo que son grandes, no necesitan de tanto aparato humano ni de tanto desconcierto para expresarse.

Y además de la fatuidad, mucho desprecio por el hombre y su planeta revelan quienes creen que nada bueno puede lograrse en este recinto terrestre, como no sea con la ayuda externa.

O somos grandes como hombres y podemos hacer importantes cosas sin necesidad del apoyo interplanetario, o somos pequeños y pobres, sin posibilidad de merecer la entrega espacial.

Sin embargo, el hombre que vi, verdadero extraterrestre, es grande y pequeño a la vez. Su pequeñez estriba en sus limitaciones materiales, en su necesidad inexorable de experiencia para evolucionar, y en sus ataduras al tiempo y al espacio. Pero lleva en sí el gran elemento extraterrestre: su alma, su ser infinito, la chispa de eternidad que late en lo recóndito y que impulsa a mundos desconocidos, no solo de cuerpo, sino de fe y de sabiduría.

Aquí estamos, el extraterrestre que vi y todos nosotros, en las mismas condiciones de construir la Nave Espacial con la madera del sacrificio, y con el potente motor del conocimiento y la auténtica religiosidad.

Nuestra nave llevará el raudo impulso del hombre interior —del extraterrestre—, y visitará los olvidados planetas de la Virtud, del Honor, del Inegoísmo, de la Fortaleza y del Amor. Y mientras realice estos viajes, traerá a nuestro mundo la tan ansiada descontaminación que limpie la atmósfera terrestre de las nubes del materialismo y del vicio.

Sí, todos podemos llegar a ver extraterrestres: todos podemos despertar el alma dormida y anestesiada por la polución psicológica y espiritual. Y entonces, con la fuerza inmortal de nuestra esencia atemporal, volveremos a dar vida a aquellos prodigios civilizatorios, de indudable contenido cósmico y de indudable asimismo factura terrestre.

La nueva maravilla que hay que sumar a la lista de las ya tradicionales es el prodigio de ser Hombres, con los pies en la tierra y la cabeza en el cielo estelar.

...la obra de hombres gigantes

Hoy vi la obra de hombres gigantes... Ellos, los de gran tamaño, dejaron su huella en varios rincones del mundo, y es inconfundible el trazo majestuoso con que siempre plasmaron su obra.

Los llamo gigantes, aunque ni yo ni nadie los conoce, pues, de tan grandes que fueron, supieron dejar la marca de su paso y, en cambio, desaparecer ellos silenciosamente hundiéndose en el misterio del tiempo.

Lo que hoy nos queda de estos míticos gigantes son apenas ruinas. Pero son ruinas impresionantes, restos de por sí elocuentes de lo que pudo haber sido el mundo pleno en que vivieron. Si aún nos sobrecogemos con lo que ahora vemos, ¿qué no habríamos llegado a sentir ante la magnitud de la completura?

Por los cinco continentes se desparraman los inmóviles testigos, silenciosos en el secreto que guardan, de los hombres gigantes del pasado.

¿Cómo no pensar en gigantes al enfrentar el tamaño colosal de las piedras, columnas y bloques con que trabajaron? La ciencia actual todavía no ha podido contestar satisfactoriamente acerca del método que estos viejos hombres habrían empleado para movilizar sus moles. En general, es inusual reconocerles el dominio de técnicas científicas, ya que eso equivaldría a empequeñecer los logros de nuestro propio momento. Y entonces, ¿cómo lo hicieron?, ¿cómo dominaron el peso, el tamaño, la inercia?, ¿cómo manejaron medidas y perspectivas sin instrumentos?, ¿es que eran hombres diferentes a nosotros?

Yo creo que sí: creo que fueron gigantes, aunque los gigantes que he visto en el alma de mis admiradas ruinas, no lo fueron tan solo por sus grandes cuerpos. Cientos de imágenes de la Antigüedad, o al menos de la pretendida Antigüedad, nos permiten observar hombres con físicos muy semejantes a los nuestros. Pero su dimensión estaba en otro nivel.

He visto en variados rincones de la tierra —Europa, Asia, América, África— que los más notables monumentos no fueron los dedicados al hombre ni a la comodidad de la vida cotidiana. Por el contrario, se levantaron en homenaje a Dios, al Misterio, al ciclo de la vida y de la muerte, en fin, a lo trascendente. Y es allí donde se configuran del todo mis hombres gigantes. La fuerza y la grandeza las tenían dentro del alma, tan hondamente prendidas como para bañar todas sus obras con esa misma fuerza y esa misma grandeza.

Cada bloque que hoy persiste, más allá del enigma de su formación técnica, fue un solemne canto a la vida y al Creador de la vida. Esos hombres estaban seguros de lo que sentían, y por eso también estaban seguros de lo que hacían.

Yo vi que esos hombres sabían que morirían mucho antes que sus propias construcciones. Pero vi que ellos plantaron semilla de eternidad en sus piedras, como lenguaje simbólico para que, muchos años después, otros hombres de la raza de los gigantes pudiesen comprender el mensaje.

Hoy vi ese mensaje...

Es necesario entenderlo bien, puesto que hoy somos pequeños y se nos escapan las grandes ideas... y asimismo las grandes obras. Los hombres de hoy se han enamorado de la materia, de la piedra inerte de la obra, y, curiosamente, al no poder ver nada más allá, la obra y la piedra se achican día a día. Se trabaja apenas para vivir —mejor dicho, subsistir— tan solo hoy. Mañana es un sueño sin asideros. Ayer, ¿qué importa ayer?

Así, sin pasado y sin futuro, se derrumban las casas y los templos. Se empequeñecen los recintos, los sueños y los sentimientos. Se implanta el hombre enano, mediocre, crítico y sin imaginación creativa.

Pero el hombre enano suele viajar por turismo, suele toparse de bruces con la muestra del hombre gigante, pobres muestras, muchas veces destrozadas y caídas en tierra. Y se asusta; eso es demasiado. ¿Para qué tanto y tan grande?

Pero, tras la superficialidad de la pregunta, y más allá de ese temor innato ante la grandeza, se impone la restallante admiración, el deseo silencioso de poseer un alma tan grande, para que produzca cosas grandes.

El misterio de los gigantes está en la semilla de gigante: esa semilla brota en el interior del hombre; de allí en más se hace planta frondosa a cuya sombra crecen las más destacadas obras que ha conocido y conocerá la humanidad.

Hoy vi que podemos crecer, empezando por nosotros mismos. Temer lo grandioso es tener temor de sí mismo. ¿Podremos aceptar este desafío?

...a la mujer del año 1975

Hoy vi a la mujer del año 1975...

La he visto precisamente con más detención que otras veces, porque este año se le ha dedicado de manera especial. Y sin embargo, no logro verla...

A cada paso del camino me encuentro con mujeres que se expresan a través de «protestas», ya sea condenando su esclavitud hacia el hombre, o alabando el mismo estado de esclavitud; ya sea pidiendo más liberalidad de acción, o clamando por una protección que desde hace tiempo no inspiran. Veo mujeres que tratan de mostrar con poca ropa un aspecto femenino que es casi lo único que permite reconocerlas; y veo también otras que ocultan, no por pudor, pero sí con mal gusto, todo lo que la naturaleza otorgó para diferenciarlas. Veo las que se peinan y acicalan tanto, que más parecen muñecas de teatro que otra cosa, y al lado de ellas están las que solo conocen de palabra los conceptos «limpieza» y «orden». Hay quienes aprendieron a reír ficticiamente y esbozar de continuo una mueca estudiada que de lejos muestra su falsedad; pero también las hay siempre torvas y ariscas, propensas al grito y la injuria, pensando que el mundo entero debe estar pendiente de su mal humor.

Pero, por sobre todas las cosas, las veo desorientadas, sin saber exactamente qué es lo que se quiere ni qué es lo que se pide; tan solo se trata de llamar la atención.

Y sin embargo, creo que lo importante es conquistar la atención, ganarla, no con llamativos trucos momentáneos, sino con la conquista firme y definida que la mujer, como una polaridad de la naturaleza, puede y debe hacer suya.

Sería ridículo pretender que el problema de la mujer, ya sea del año 1975 o de cualquier otro de nuestros años actuales, es un problema aislado. Por el contrario, forma parte de todo un ciclo de desprestigio de los usos y las costumbres, de ruptura imbécil con un pasado cargado de experiencias, de donde, al menos, podría extraerse un basamento firme para apoyar nuevos aportes.

La historia es algo que la mujer debería conocer mejor que nadie, porque también la Historia es Mujer; y como tal está en el Tiempo, en aquello que transcurre, pero dejando profundas huellas en el camino. El tiempo no es el enemigo de la mujer, por el contrario. El tiempo no envejece a la mujer sino que la hace eterna, la mantiene viva y la proyecta hacia el eterno femenino que fue desde siempre la inspiración de todos los artistas.

Tiempo e historia nos muestran también mujeres, ya no del año 1975, ni tampoco importa mucho de qué año, dado que tratamos de hallar un símbolo atemporal. Tiempo e historia nos hablan de lejanas sacerdotisas que, con el alma purificada, servían de puente entre los dioses y los hombres. Nos hablan de reinas y guerreras que tenían desarrollado el don de la conducción humana, el don de la estrategia y la sabiduría de prever el futuro. Nos hablan también de fuertes matronas plenas de orgullo y honor, para quienes educar a sus hijos era una manera de hacer historia. Lejanos ecos llegan de aquellas que no temían a la muerte, ni a los sufrimientos, y mientras agradecían la protección de los caballeros, ofrecían a su vez compresión y dulzura a los que tallaban un mundo difícil de vivir debajo de sus armaduras. Aún resuenan las risas de quienes habían hecho culto a la belleza y a la simpatía, convirtiendo en arma poderosa la más frágil delicadeza.

Pero no es momento de vivir de recuerdo tan solo. El recuerdo debe darnos fuerzas, puede orientarnos, puede robustecernos con la experiencia acumulada. Y luego hay que lanzarse a la palestra de este mundo actual, donde el ocaso civilizatorio, evidente a todas luces, semeja un atardecer donde las sombras confunden las siluetas.

Para que la Mujer vuelva a ser Dama y recobre sus fueros sin necesidad de protestas, sería necesario, indudablemente, que todos los demás factores volviesen a sus lugares naturales: que el Hombre vuelva a ser Caballero, que la vida vuelva a tener una finalidad trascendente, que la educación forme a los hombres y no simplemente les informe.

Pero todo trabajo, toda modificación, ha de tener un principio. Y la mujer siempre ha sido nadre por excelencia. Hoy toca a la mujer ser un poco la madre de un nuevo mundo, donde todas las cosas se definan a la luz del sol, donde no haga falta disfrazarse de «unisex» para soslayar responsabilidades. La mujer es tal cuando asume el papel de la naturaleza viva, resplandeciendo en amor, en belleza, en comprensión; cuando educa basándose en la virtud no solo a sus propios hijos, sino a todos los que siente como hijos del corazón; cuando impulsa a la guerra noble y a la vez consuela al que guerrea; cuando vierte la tibieza de la sombra de un árbol que hace que todos se acojan a su lado; cuando, en fin, sintiéndose segura de su fuerza cósmica y ancestral, no necesita de vanas protestas ni de años especiales que la dignifiquen, porque desde siempre y por siempre toda mujer se ha emparentado con la primera estrella brillante que puso luz en el acero profundo del cielo.

Ser mujer no es una vergüenza, ni tampoco es una dignidad excepcional. Ser mujer es haber comprendido el juego de colores del arco iris, cumplir con el propio color y soñar con la luz blanca que es la síntesis final.

Y que conste que quien escribe, también es mujer.

...un niño (I)

Hoy vi a un niño...

Ciertamente, es difícil ver un niño solo, sin que sus padres o familiares le acompañen en sus pasos, y por eso el niño que vi es un poco el niño mismo y otro poco el retrato de aquellos que le acompañaban.

Este niño tenía la forma de un infante, es decir, que en su cuerpo todas las características eran las propias de su edad. Sin embargo, comenzó por llamarme la atención el hecho de que su vestimenta fuese una copia en pequeño y ridículo de las ropas de los mayores. Pensé que esta sería apenas una casualidad y me dediqué a continuación a observar más en profundo al niño de mi tema de hoy.

Las sorpresas fueron en aumento. Los ojos del niño me asustaron: no eran infantiles en absoluto, sino que brillaba en ellos cierta «madurez», cierta «vejez» ficticia, aun cierta «maldad», que en nada concordaban con el aspecto exterior. Eran ojos de viejo encerrados en un cuerpo acabado de surgir a la vida. Pero vi, asimismo, que los padres que acompañaban al niño festejaban este hecho como producto de una sociedad crecida que, por consiguiente, hace crecidos a sus niños.

Las actitudes y comportamiento general del niño eran de una extrema desenvoltura, tanta, que por momentos parecía más descaro que desenvoltura. Ya no se trataba de no temer a nada, sino más bien de despreciarlo todo... incluso a los propios padres, a todo aquello que le rodeaba, menos a sí mismo. Y aquí también los parientes festejaron este hecho como notable inteligencia, cualidad sobresaliente y digna de mención.

Lo que hablaba este niño no era la síntesis de un mundo de sueños, juguetes y necesidad de cariño. Tal como me había pasado con sus ropas, vi en las palabras del niño malformaciones de los temas de conversación de los «grandes», repeticiones de lo escuchado en programas de televisión inadecuados, y conocimientos de temas aberrantes en criaturas de tan corta edad. Pero nuevamente tuve que callar ante los elogios reiterados a «lo despiertos que vienen ahora los niños»...

A mi juicio, en este niño la semilla de moral se había transformado en futura violencia, y la necesidad de cariño en una exigencia despiadada de atención. Y a todas luces saltaba una enorme falta de educación por parte de aquellos mayores que le festejaban, sin intentar siquiera modificarlo y ayudarle a ser lo que debía ser: un niño.

He aquí una de las tantas y graves consecuencias de nuestro mundo materialista: loa adultos tratan de vivir en una constante juventud de cuerpo, habiendo perdido desde el comienzo la indispensable frescura de alma; y los niños cubren grotescamente el sitio de los mayores con actitudes que nada tienen que ver con la ternura de la infancia y su natural inocencia. ¿Qué pasa, pues? ¿Nos vamos a conformar con las explicaciones simplistas que pretenden que vivimos por casualidad, por expansión mecánica de las células, sin alma y sin Dios, y sin necesidad de crecer por dentro a la vez que por fuera? ¿Se trata, entonces, de «aprovechar la vida» sobresaliendo a fuerza de aplastar a los demás? ¿Todo consiste en gozar el momento presente, sin sentido del deber futuro?

Mientras veía a este niño que tales cosas me hizo reflexionar, vinieron a mi memoria viejas enseñanzas de aquellos que dejaron como herencia a la humanidad un saber y un deber que hoy nadie quiere poner en práctica. Decían aquellos que el ser humano es infinitamente viejo; que vive, ha vivido y vivirá muchas veces en la Tierra, tal como transcurre su existencia actual entre momentos de sueño y de vigilia. Pero, si los momentos de sueño (que son los momentos de «cielo» en los grandes ciclos de vida y muerte) son breves porque se ven alterados por incesantes deseos de experiencia material, los otros momentos de vigilia son ineficaces por falta de descanso y por obsesión constante de goces sensibles. Entonces, cada vez hay menos sueño y menos cielo. Entonces, vienen los adultos de carácter «agrio» y violento por falta de descanso, y los niños «despiertos» por falta de reposo celestial.

Llegan los niños a la Tierra con la memoria y los deseos de adultos insatisfechos, con el mismo afán de violencia y las mismas exigencias de un cuerpo maleducado. Ya no sueñan con ángeles, ya no sonríen dulcemente mientras duermen... Lloran y sufren, piden y ordenan, desprecian y maltratan, y en el fondo de sus almas se va borrando la imagen ancestral del Niño Maravilloso que, nacido entre las pajas, vino alguna vez a alumbrar al mundo y a encarnar el arquetipo del alma inocente.

Si el prodigio de los ciclos recayese nuevamente sobre nosotros, los humanos, si recordásemos que la sabiduría –y su hermana, la educación–, puede mover la rueda de la historia, volvería a nacer otra vez el Niño, y otra vez habría niños sobre la Tierra, no como el que hoy vi, sino tal vez el mismo con su rostro angelical recuperado.

...un niño (II)

Hoy vi a un niño...

Dicen que los niños de hoy son diferentes y se comenta con gran alegría que parecen adultos en todas sus actitudes. Dicen que ahora los niños vienen mucho más «despiertos» y que entienden las cosas con más rapidez. Se festejan las preguntas fuera de lugar, y la pérdida —por no decir falta— de ingenuidad se considera un adelanto formativo en la niñez actual.

Por eso me llamó la atención el niño que hoy vi... Era verdaderamente un niño, con la inocencia propia de sus escasos años, con un brillo sano y curioso en la mirada, con movimientos vivos y ágiles, naturales en su cuerpecito recién aparecido a la vida. Lo vi caminar hurgando con su mirada en todas direcciones tratando de descubrir el secreto que duerme detrás de las apariencias. Las preguntas brotaban incesantes de su boca en una verdadera marejada de ansiedad por saber.

Sus interrogantes eran simples y profundos a fuerza de simples. Quería saber sobre el cielo, sobre las estrellas, sobre el límite del espacio. Investigaba sobre los insectos que vuelan y el porqué de los hombres sin alas; quería conocer por qué alguna gente llora, por qué él algunas veces sentía deseos de reír y de gritar...

Hasta que vino la gran pregunta: se refería a los otros niños. Él sentía —el inocente de mi ejemplo— que los demás niños no lo comprendían ni en nada se parecían a él. No gustaban de jugar con las mismas cosas ni se preocupaban por iguales situaciones. Gozaban aparentando ser «adultos», mientras que él quería ser pequeño. Los niños «normales» solo hablaban de la televisión, de sus fiestas, de los problemas de sus respectivas familias, y de lo insoportables que les resultaban sus padres y sus hermanos.

El niño que hoy vi se sintió desamparado ante sus iguales... Y se volvió hacia los mayores en busca de comprensión... Pero tan solo recibió risas y burlas. «¿A quién habrá salido esta criatura? No se parece en nada a nosotros... Hasta me avergüenzan sus preguntas porque parece que nada entiende... ¿Por qué no eres como los demás? ¿Por qué no juegas con tus compañeros? Pero hijo, ¿qué quieres que te explique sobre la luna, si yo no sé más que lo que ya te he dicho?».

La mirada antes brillante y feliz de mi niño se volvió oscura, con una sombra que definía la tristeza más que mil diccionarios. Creo que en este momento perdió su frescura y sin quererlo ni darse cuenta, se volvió adulto antes de tiempo.

Aprendió la cruel lección de la vida: callar ante la incomprensión, guardar en silencio los mejores sueños, no hablar de las cosas bellas, decir apenas lo que los demás quieren escuchar.

Empecé viendo un niño, y terminé viendo un hombre con la eterna carga de dolor sobre sus espaldas.

¿Por qué condenamos a muerte toda la belleza y la inocencia? ¿Dónde está el que fue niño en nosotros, que aún debería latir con su inacabable curiosidad y necesidad de cariño? ¿Es que ya no podemos comprender nada bueno y puro? ¿Es que acaso crecer significa perder por fuerza el asombro infantil?

Triste ha sido el día en que vi a ese niño. Desde entonces miraré sin descanso a cada paso que dé, buscando alguna otra mirada que me hable de la ingenuidad de los ideales primeros, de los que no han sido aún manchados ni manoseados por el desenfreno de nuestro actual ritmo de vida.

Buscaré ojos jóvenes, inquietos y tiernos, ojos de soledad inevitable, ojos con ansiedad de cielo y de preguntas eternas que solo se satisfacen en el fondo del alma humana, aquella que hoy duerme en espera de tiempos mejores.

Todos los días nacen niños... ¿Quieres ayudarme a buscar el que todavía lleva un trozo de cielo en su mirada? Haz que no pierda ese tesoro, y todos, tú y yo, saldremos ganando en este intento de belleza y pureza.

...un Niño (III)

Hoy vi a un Niño...

Singular Niño que acaba de nacer y en el que toda su apariencia denota gracia y esplendor.

Como a todos los niños, le cuida su Madre, inocencia y juventud purísimas, cariño y devoción en sus manos y en su mirada, simplicidad de ser que acata las órdenes divinas más allá de toda pregunta y de toda razón. Madre hecha diosa a fuerza de presentir el destino, a fuerza de volcar su fe en el futuro de la humanidad.

Como a todos los niños, le mira con ternura y satisfacción su padre. Carpintero, gran hacedor de obras, y gran destinatario de un Hijo superior a todos sus sueños, como una inmensa dádiva del Cielo puesta bajo su custodia.

Para el Niño recién nacido hace falta calor y alimento. Y toda la naturaleza se pone en juego para proporcionar esos dones. La cuna es humilde, es de paja, pero en el seno de la paja duerme el alma del fuego, de la tibieza, de la blandura de líneas y formas... Los animales se han acercado, y noblemente vierten su cálido aliento para que el aire se haga más respirable; el buey y la mula no entienden de razones, pero saben de amores.

Hay curiosidad en los alrededores... Pastorcillos se acercan con sus ovejas; ellos quieren ver al Niño que es tan bello, tan luminoso, y que duerme con sonrisa eterna en cuna de paja. Y los pastorcillos se encargan de llevar la noticia del pequeño milagro de puerta en puerta.

Corre, pues, la noticia. Ya ha llegado hasta los cuatro puntos cardinales. Y los Reyes también se han enterado de un Niño muy bello que es digno de ocupar tronos y dirigir hombres. Y hacia allí se encaminan los Reyes, en busca del milagro y del misterio, pues los reyes necesitan de ese doble condimento para poder seguir siendo Reyes. Son tres los que caminan hacia la cuna de paja; tres de distintas razas, de variados colores de piel, de lenguajes diversos y vestimentas disímiles. Pero los tres siguen la misma estrella. Porque también en los cielos ha corrido la noticia...

Dios Padre expande felicidad. De su gloria ha nacido un Niño en la Tierra que deberá volver gloriosos a todos los hombres. Y la felicidad de Dios Padre es un cometa de luces que se refleja en la oscuridad de la noche, para que ningún mortal se pierda en el camino, para que todos puedan acudir a la cuna de paja.

Niño glorioso, Niño divino... Él ha puesto en movimiento al orbe entero.

...a los Reyes Magos

Hoy vi a los Reyes Magos. En su día, siempre fieles a una tradición de cientos de años. Ellos han aparecido en el horizonte de la ilusión de niños y grandes, porque ellos son Reyes para todos.

Cierto es que la inocencia infantil está mucho más pronta a reconocer los hechos maravillosos, y a aceptar los milagros como parte misma de la vida. Y es por eso por lo que los niños saben y pueden gozar con la más pequeña de las cosas: con una hoja dorada, con una simple cuerda, con un trozo de madera o un cristal que emite colores bajo los rayos del sol. Y el niño, ayudado con la magia de estos Reyes, vislumbra tesoros ocultos que son patrimonio de la candidez.

Sin embargo, un día vinieron los adultos, los que al acumular años físicos sobre su cuerpo, los volcaron sin pena ni gloria sobre su alma, haciéndola vieja y pobre de esperanzas. Los adultos explicaron claramente que los Reyes Magos eran una sombra de la imaginación, algo irreal e imposible, puesto que ninguna de las máquinas al alcance registraba ni su existencia ni su paso entre los hombres. Ese día los adultos mataron muchos niños, y más aún, mataron al niño bueno que vivía en un rincón de sus propios corazones.

Pero no murieron todos los niños; de cada uno de los que quedaron se expandieron nuevas semillas de ilusión que continuaron con la alerta espera de los juguetes, de las delicias, del paso callado y secreto de los Reyes Magos que vienen desde el Misterio de las estrellas, y se vuelven al Misterio una vez acabada su labor.

Y tampoco todos los adultos envejecieron. Algunos, prudentemente y a escondidas, guardaron un reducto interior de niños, un algo prístino y bueno con capacidad de soñar con los Reyes Magos, aunque sea con aspecto de adultos. Estos hombres grandes —siempre que nadie se entere de ello— siguen soñando con unos Reyes Magos que todo lo saben, todo lo pueden, y todo lo socorren con una sola mirada celeste. Siguen pidiendo muy quedo los juguetes queridos de los hombres grandes: un poco de amor, un poco de gloria, una idea noble por la cual vivir, un poco de sosiego en el corazón, un poco de luz en la mente afiebrada por los enigmas.

Es gracias a ello que muchos adultos, con un trozo de niño en el alma, han aprendido a vivir en unos castillos especiales, construidos con ladrillos de ilusión por las manos de infantes que nada saben de otros ladrillos de barro. A esos castillos de ensueño llegan, año tras año, los Reyes Magos con alforjas variadas, con ideales para pequeños y grandes, y sobre todo con la inefable panacea de la esperanza para soportar los pesares diarios y aguardar la nueva visita de los Reyes cuya magia no muere jamás.

...a la multitud

Hoy vi a la multitud... Hay muchas palabras en nuestra lengua que designan grandes conjuntos humanos, ya sea desde el punto de vista físico o metafísico. He oído hablar de grupos, pueblos, sociedades, género humano, la humanidad... Pero yo quiero referirme a algo bien distinto: la multitud, ese amontonamiento en donde muere toda posibilidad de reconocer a cada persona en sí misma.

Mucho se ha discutido sobre la necesidad intrínseca del hombre de vivir en sociedad, es decir, de rechazar la soledad y buscar, en cambio, el contacto con otros hombres, compartiendo sus necesidades, sus logros, sus esperanzas y su forma de vida en general. Esto es cierto: la fuerza gregaria para ser uno de los distintivos fundamentales de nuestro género. Y todos reconocemos los enormes beneficios que esta situación supone.

Para el hombre es muy difícil vivir solo, tanto si debe satisfacer sus necesidades de supervivencia material como si debe paliar sus angustias metafísicas. La compañía de otros hombres es un apoyo inapreciable en la búsqueda de un sentido para la vida.

Pero desgraciadamente, en ese intento de búsqueda se confunden los caminos, y aun se llegan a olvidar las metas... Por eso cuento de la multitud que hoy vi...

Montones de gente, sin orden ni concierto, donde resulta prácticamente imposible reconocer niños o adultos, hombres o mujeres... Solo el hacinamiento de cuerpos y ese movimiento continuo que nos habla de la intranquilidad perpetua de la masa que nos avisa que está viva... Viva, de una manera difícil de explicar, pero viva. Más bien parece un animal enorme e inconsciente, que la suma inteligente de muchos seres humanos.

Dentro de la multitud se pierden las características básicas de reconocimiento. No se puede caminar hacia donde uno quiere, sino hacia donde se mueve el animal en conjunto. No se puede mirar hacia arriba, porque los ojos están habitualmente ocupados en controlar el trozo indispensable de espacio para dar un paso. Los brazos ya no son un medio de expresividad sino un medio de supervivencia para facilitar un poco de aire respirable. Las voces no hablan de nada importante: solo murmullos, quejidos, sonidos inconexos y casi gruñidos propios de ese enorme animal de nuestra comparación anterior. No se piensa, se empuja; no se vive, se aguanta; no se espera nada, sino que solo cabe la impaciencia...

De vez en cuando, un alarido, un fuerte grito o un movimiento abrupto fuera de lo normal, indican que la multitud empieza a enardecerse. Y entonces el animal intranquilo se vuelve una fiera. Entonces, cada componente del grupo se convierte en una parte de la bestia y obra en consecuencia...

Esta es la multitud que hoy vi... Aparece en todas las ciudades, en todos los núcleos de convivencia generalizada. ¿Miedo? ¿Actitud de defensa? ¿Agresividad amparada en el número? ¿Falta de individualización? ¡Quién lo sabe...! Tal vez cada una y todas las cosas a la vez...

La multitud me ha enseñado de dos carencias fundamentales, que llevan a estas situaciones de aglutinamiento: falta de conocimiento de uno mismo y, por consiguiente, falta de comprensión hacia los demás. Un conjunto no es válido por su única naturaleza de conjunto, ni por la similitud de sus partes conformantes, sino por la validez individual de cada una de sus partes. Tanto en una célula como en un sistema planetario, cada partícula es vital para el conjunto, e importante y necesaria en sus funciones. Y ni la célula ni el sistema solar son «multitudes»...

Hoy vi una multitud... Mañana tal vez vea un hombre... Más adelante es probable que todos juntos podamos ver una humanidad.

...al hombre viejo

Hoy vi al hombre viejo.

No es viejo porque le hayan vencido los años; no, su edad es media, casi indefinida, pero todo en él revela la vejez de sus ideas.

Es el que cree que, para estar a la moda, debe usar una indumentaria propia de los vaqueros del lejano oeste, aunque ni su físico ni sus labores se adapten a esa ropa. Cree también que para preservar la juventud basta con vestir como los adolescentes, sin advertir que esa actitud lo acerca más que nada al ridículo. Se ha convencido de que una gran barba le ha de dar un «aire» romántico o intelectual, cuando no de librepensador a la vieja usanza, pero desconoce que provoca más miedo y rechazo que otra cosa.

Habla con toda «libertad», habiendo olvidado las más bellas expresiones de la lengua castellana, para sustituirlas por un conjunto de palabras soeces especiales para el insulto y la agresión.

Trabaja a desgana, porque participa de la peculiar idea de que el trabajo es esclavitud. De este modo, lo poco que hace lo hace mal, y como luego son malos también los resultados, echa la culpa a la sociedad de su propio y personal fracaso.

Ha sustituido los sentimientos por los instintos. Se horroriza de pensar que alguien pudiese endilgarle emociones parecidas a la piedad, la ternura, la comprensión o el amor. Prefiere la expresión del cuerpo a la del alma, transformando toda relación humana en simples contactos de células, sin mayor trascendencia.

Se cree «fuerte» porque grita, y porque muestra abiertamente su ser instintivo. La falta de vergüenza ha pasado a ser coraje; la falta de comprensión es ánimo seguro; la falta de amor es dominio de la personalidad.

Es muy raro verle solo; teme profundamente a la soledad, ya que ella podría abrirle puertas interiores completamente clausuradas. Busca, en cambio, la compañía de otros «hombres viejos», como él, que alardean de las mismas cosas, y en conjunto trata de otorgar universalidad a su forma de ser.

Participa de un arte (si cabe llamarlo así) que no supone ningún esfuerzo: ni técnicas depuradas, ni horas y horas de prácticas, ni mensaje trascendente que vuele hacia los demás. Esconde tras lo complejo y abstruso una absoluta carencia de inspiración, cargando sobre los otros la «falta de comprensión» de ese arte. Prefiere sonidos estridentes, colores vanamente mezclados, formas inconexas, arquitecturas sin fundamento ni practicidad.

Cree que la mejor forma de convivencia entre los seres humanos es la de una «blanda» libertad, que suele llamar democracia, donde todos tienen derecho a expresar lo que piensan, siempre que no alteren lo que él piensa, desde luego. En general, todo el mundo tiene «derecho» a estar de acuerdo con su concepto de libertad que para nada le compromete, pero que ata y responsabiliza a «los demás», vaga expresión que sirve para designar a los que hacen y trabajan para que luego él pueda criticar lo que se hace y lo que se trabaja.

Prefiere la opinión al real conocimiento, pues conocer equivale a estudio y preparación, mientras que opinar es un simple lanzar ideas. Así, opina sobre todo, pero difícilmente toma una actitud activa en la vida; considera que la más notable actividad es encontrar los defectos en lo que normalmente se construye. Basa sus soluciones en destrucción y anarquía, pero no sabe dar ideas para la construcción y el orden; en una palabra, está en la etapa «infantil» del pensamiento, cual si solo supiese romper los juguetes del mundo, para luego llorar ante los padres para que se los compongan.

Para este «hombre viejo», el universo es producto de la casualidad, y el hombre habrá de llegar, por las fórmulas matemáticas y el progreso técnico, al dominio general de la naturaleza. Pero el mundo surgido de la casualidad no le produce ninguna admiración, ni mucho menos respeto; y sí en cambio lo torna un ser engreído que se siente seguro de su propia indefinición con base en la indefinición del cosmos. Juega y juega con las máquinas, hace con ellas lo que quiere y ellas –sin advertirlo él– hacen lo que quieren también, porque el «hombre viejo» puede simplificar las más complicadas fórmulas físicas, pero perdió la capacidad de verter una lágrima ante el espectáculo de la naturaleza.

Sus ideas religiosas son varias: a veces cree en la no creencia, con lo cual no deja de creer, y fundamenta los impulsos religiosos de los otros hombres en el mal funcionamiento de sus glándulas. Otras veces cree en un gran vacío al que llama Divinidad, y al que pretende ascender a través de una igualmente vacía actitud meditativa en la que nada importa, viendo pasar la vida sin emoción ni acción, pues de todos modos «nada tiene sentido». Esa abulia le disculpa aparentemente de sus defectos, que ya no son tales sino formas de «ascenso», donde la droga suple a la voluntad. En general, rinde culto a la materia en todos sus aspectos, y se ríe del alma como de un antiguo cuento para niños.

Y así vi al «hombre viejo» caminar por su mundo de cadáveres, sin advertir que su época había terminado y que para volver a nacer tendrá que abrir nuevamente sus ojos, no ya los del cuerpo, sino los de su dormido ser interior que aguarda al Hombre Nuevo.

...al Hombre Nuevo

Hoy vi al Hombre Nuevo...

Bendita imagen que me llegó desde el futuro, aunque cargada de sabor del pasado, para hacerme soñar con lo que alguna vez fue, con lo que aún es calladamente, y con lo que volverá a ser inexorablemente, claramente, limpiamente.

Cuando lo vi, me dí cuenta de que el Hombre Nuevo no es nuevo. Por el contrario, es tan antiguo como los arquetipos primeros de la humanidad, pero lleva en él la eterna juventud del alma, la eterna capacidad de lanzarse hacia adelante, de soñar, buscar horizontes mejores y poner todas sus energías al servicio de sus ilusiones.

Este Hombre Nuevo no tiene edad... tampoco tiene novedad... Su fuerza reside en que es sencillamente joven, como los dioses de las lejanas mitologías, como aquellos héroes sagrados que habían bebido en la copa de Hebe Olímpica, y desconocieron entonces el tiempo que pasa y desgasta.

He visto en el Hombre Nuevo algo que no varía nunca, algo con sabor a eterno, con la seguridad de lo que es válido, pero con el latido inconfundible de lo que está vivo.

Y he advertido que el Hombre Nuevo está vivo porque es un hombre íntegro. No hay en él la dicotomía del cuerpo y el alma, no se inclina ni por la defensa de uno ni la negación de otra; ambos elementos están en él; ambos elementos lo hacen Hombre.

Si hubiese sido solo cuerpo, sería como una máquina lanzada en el mundo; si solo espíritu, semejaría una entelequia disimulada en las nebulosidades del pensamiento. Pero lo vi completo, activo, seguro de un cuerpo sano que obedece y responde a un espíritu superior.

He comprobado que el Hombre nuevo cuida con atención su cuerpo y su alma. Es fuerte, es sano, es bello, es joven... Y tiene un ser interior tan proporcionado como el exterior. Es educado porque aprendió que los mayores misterios se conocen con el alma abierta y con la mente serena; desechó las formas vacías de la memoria, y se inclinó por una sabiduría consciente, imbricada en sí mismo tanto y tan acabadamente como la más pequeña de sus células. Practica el «conócete a ti mismo», y esta llave le ha permitido abrir las puertas de la naturaleza, a través de la ley de analogías.

Maravilla en el Hombre Nuevo su exquisita sensibilidad; no es frío como pudiera creerse. Por el contrario, ha unido inteligentemente el *ethos* y el *esthetos* de los griegos: cuanto más bueno, más bello. Hace culto a la belleza y hace culto a la moral; el brillo de la virtud es brillo en su mirada, es fulgor en sus gestos, es soberanía en su actitud toda. Reconoce el ámbito que abarca su corazón, y ama sin límites, desinteresadamente; Todo lo hace a su Modo Nuevo de Hombre Nuevo. El egoísmo es planta erradicada de su jardín interior.

¿Y a dónde nos lleva la inteligencia y el corazón de este Hombre Nuevo? Lo vi sumar sus experiencias, Las de la razón y las de la sensibilidad, y lo vi entonces inclinarse devoto ante el misterio del cosmos, abriendo su ser al Dios ignoto que alumbra desde el infinito. La fe es ingrediente imprescindible en este hombre, que ansía descubrir el enigma de la vida, y sabe que para hallarlo, tendrá que recurrir a nuevos y poderosos elementos que van más allá de su mente, más allá de su comprensión limitada de las cosas; por eso ha desarrollado la fe; por eso he visto la mística poderosa de este Hombre Nuevo.

He creído comprobar que el Hombre Nuevo sabe de dónde viene y hacia dónde va; la historia no le aterra ni le pesa, antes bien le acompaña y aconseja. Es consciente de su momento actual y no rechaza su suerte: se complace en los grandes logros y se esfuerza en corregir los errores. No es pasivo, no busca su propio placer: el Hombre Nuevo aprendió a elegir y a comprometer su vida en la elección. El deber le llama a la acción, como la tierra llama al agua.

Le vi brillar como una piedra preciosa; nada puede empañarle. Y cuando los vientos de la vida a veces le cubren de lodo, le vi lavarse en las aguas de su propia vida, y volver a brillar como al comienzo. A su lado nada es oscuro, nada es sucio, nada es temible. Su mirada es una espada, y sus manos son arados.

Hoy vi al Hombre Nuevo... Lo vi pasar solo y le llamé, porque yo también me sentía sola... Pero, al volverse hacia mí, se transfiguró en un ejército de oro: una mano era árbol de todos los Hombres Nuevos que fueron, y la otra mano floreció en imágenes de aquellos otros que vendrán.

...la soledad en compañía

Hoy vi la soledad en compañía...

En este mundo de contradicciones no debe extrañar aquello que ví, puesto que el conocimiento de los absolutos nos está vedado y solo advertimos relatividades cambiantes, como esta de la compañía solitaria.

He aquí que todos los medios de comunicación están a nuestro alcance. Miles de hilos delgados cruzan el mundo, y el aire transmite vibraciones que se traducen en sonidos. Los periódicos y sus noticias surgen rápidos cual ráfagas de viento. No falta ni siquiera la transmisión de las imágenes. Basta un pequeño aparato con teclas para poder hablar con quien queremos en pocos instantes. Las calles desbordan de gentes, y el conocimiento de varios idiomas es cosa fácil en la actualidad. En fin, que todo está dispuesto para la unión, para el conocimiento y el acercamiento de los hombres entre sí.

Sin embargo, el experimento ha fallado...

No es raro ver al hombre leer en soledad su periódico, atemorizarse subconscientemente ante el anonimato de un teléfono, encerrarse y abstraerse ente un aparato de televisión, o caminar más solo que nunca en medio de la más populosa avenida. Este es aquel a quien el exceso de comunicación ha apabullado y se refugia en su nunca bien ponderada soledad.

Sin embargo hay quienes, cautivados por el experimento de la comunicación masiva, la practican en todo momento, para llegar al hastío del propio sonido de la voz humana, aunque sin confesarlo jamás. Estos son los que ríen llorando por dentro, y temen tanto la propia soledad que buscan cualquier pretexto para no quedarse jamás consigo mismos.

En general, tanto el que lo expresa como el que no, están solos, pavorosamente solos, pero en compañía de quienes también lo están. Esta es tal vez la única comunicación de nuestros días: el compartir soledad.

Es que, sin darnos cuenta, los medios han superado los fines. Así, son abundantísimos los medios de comunicación, pero no la comunicación.

Para que haya comunicación —y esto es probablemente lo que hemos olvidado— hay que tener elementos para comunicar. El hombre solo, y más aún vacío, nada tiene que decir. Es por eso por lo que asistimos a la verborragia del siglo que llena audiciones y papeles sin expresar nada; hoy se rinde culto a la cantidad de palabras que, en mayor número, pueda decir las menos cosas posibles. ¿Es factible imaginar un árbol lleno de hojas pero sin ramas ni tronco?

Todos los esfuerzos, estudios, técnicas, preocupaciones, están destinados a favorecer la aparición de nuevos medios de comunicación, pero siempre medios, medios sin fines. Poco y nada es el tiempo que le queda al hombre para dedicarse al desarrollo de su Yo, el único que puede expresarse y utilizar inteligentemente los medios. Y es tan incompleta la visión que hoy existe del mundo que, como decíamos antes, el hombre ha llegado a temerse... porque se desconoce por completo. Así, ya no quiere estar a solas con él ni con sus sueños, y aún más, ni se atreve a soñar. Así pues, ¿qué es lo que va a comunicar?

No creáis que, cuando habló del hombre que vi, me refiero a la falta o al exceso de compañía que le han dejado solo. Hoy vi al hombre solo que no se encuentra a sí mismo, y deambula por los laberintos de su propio ser con la incertidumbre del ciego que tantea caminos ignotos.

Para los solos en compañía, aquellos muchos que sufren del mismo dolor que el hombre que hoy vi, hago mías las palabras de Séneca que no hace tanto tiempo hicieron que dejara de sentirme sola: Tú que te sientes abandonado e incomprendido, piensa que escribo estas palabras para ti, y más que escribirlas las pronuncio a tu lado, para que sientas que tengo muchos sueños y un gran Ideal llamado Acrópolis para comunicarte.

...una enfermedad que se llama soledad en conjunto

Hoy vi... una enfermedad que se llama soledad en conjunto.

Vi muchos hombres y mujeres, todos juntos, hablando y riendo, comiendo y festejando alguna ocurrencia, discutiendo por alguna divergencia, recordando algunas cosas y anticipando otras... ¡Qué sensación de reunión! ¡Cuán profunda parece ser la necesidad de compañía! Eso se ve en las calles, en los medios de transporte, en los cines, en los bares, en las propias casas, en todos los sitios... Es muy raro encontrar gente sola... Y fue entonces cuando vi que, en realidad, todos estamos solos.

Vi que los rostros ríen, pero en cuanto pueden aflojar ese extraño rictus muscular, retoman una actitud seria, casi triste y dolorosa, que vuelve a desaparecer cuando los músculos de la risa reclaman su papel de relaciones públicas.

Vi que los ojos de la gente, desde lejos, parecen animados, pero vi también que es muy difícil poder ver los ojos de la gente. Casi nadie mira de frente: casi todos ocultan sus ojos como si en ellos hubiese algún secreto que quisiesen ocultar. Pienso que ese secreto es la soledad, que nadie quiere mostrar, y que se advertiría de inmediato en el claro cristal de una mirada frontal...

Vi que todos se mueven con aparente energía, y corren de un lado para otro, suben y bajan, van y vienen... pero en cuanto no existe la posibilidad de que alguien observe, esos robots de mecánico movimiento se aflojan y se esfuman en la profundidad de una silla, de un sillón, de una cama, donde afluye un cansancio que no es corporal, sino que viene de más adentro.

Vi que todos hablan en voz alta, gesticulan y se expresan con gran libertad y ampulosidad, como seguros de sí mismos. Pero luego, en la soledad que ya no es fingida, las voces se opacan, cuando no callan del todo, los gestos se esfuman y la seguridad desaparece... En la intimidad, nadie habla, o habla poco, o gruñe mucho.

Vi que todos se precian de tener muchos amigos, y mencionan sus nombres como si cuanto más larga fuese la lista, mejores fuesen por eso las amistades. Pero vi que nadie es amigo de sí mismo, que son pocos los que se conocen y conviven con su propio yo, con sus sueños y con sus proyectos. Por temer la soledad exterior que facilita la vida interior, se ha provocado esa otra enfermedad: la de la soledad en conjunto, donde todos somos extraños ante nuestros propios ojos, y donde la compañía no es más que una triste farsa para ocultar el dolor del mejor amigo perdido: la conciencia individual.

...la falta de autenticidad

Hoy vi la falta de autenticidad.

Si bien, bajo otros muchos títulos, pude haberme referido en varias otras oportunidades a esta misma cuestión, la visión que hoy tuve fue decisiva por lo categórica.

No es que tenga visiones celestiales o místicas, no es que me hunda en profundos estados de concentración. Es que simplemente salgo a la calle... hablo con la gente... vivo mi vida de todos los días...

¿En qué se nota esta falta de autenticidad? Creo que, sin equivocarme demasiado, se advierte en todos los órdenes de la vida.

Empezando por lo más sencillo y concreto, por nuestro propio cuerpo, a todo el mundo le gusta estar limpio y correctamente vestido, bien arreglado y agradable en general. Pero la moda de la «protesta» ha impuesto otra cosa , y es probable que la higiene diaria ahora se reduzca a ensuciar un poco más los ya raídos pantalones —de chicos y chicas—, a desmelenar un poco más los pelos largos —de chicos y chicas—, y a maquillar cuidadosamente profundas ojeras de «desarraigado social».

A todo el mundo le gusta comer y dormir a sus horas, y hacerlo en la medida justa. Pero descartando a los verdaderos sufridos, los que poco y nada tienen para comer y los que restan sus momentos de descanso para seguir trabajando, debemos en cambio enfrentar el fenómeno de los inauténticos, de los que toman un bocadillo por la calle mientras con la otra mano sostienen una cerveza, porque eso es de «progres», y los que pierden las horas de la noche entre humos y drogas, entre escándalo y pornografía, entre maldades y estupideces.

En el plano emocional, todo el mundo anhela amar y ser amado, de verdad, con todo el corazón. Pero hoy se usa otra cosa: hoy hay que alardear de «liberado», enterrar el amor y entronizar el libertinaje, el imperio del puro y bestial instinto (con perdón de las bestias).

Todo el mundo, dentro de sus posibilidades, comprueba que el complejo montaje publicitario mundial nos obliga a vivir una larga serie de mentiras. Pero nadie se atreve a denunciar estas mentiras, nadie tiene la autenticidad de sostener una verdad simple y clara, aunque no sea apoyada por las tan mentadas mayorías.

Todo el mundo querría tener un amigo, una persona cercana con quien intercambiar ideas y proyectos, a quien dar a conocer los sentimientos sinceros. Pero eso «no se lleva». Es preferible la máscara de la frialdad, de la indiferencia más absoluta, aunque quien la manifieste se sienta morir por dentro. La sensibilidad —la auténtica sensibilidad— se guarda para los «problemas sociales», como si pudiera sentir algo por la humanidad y sus problemas quien no lo ha podido sentir primero por los humanos individuales que le rodean...

Ropa, gestos, palabras, miradas y opiniones... todo falso, todo lejos de la realidad, todo tremendamente difícil para llegar al verdadero hombre que subyace detrás de tantas farsas.

Y aún nos preguntamos: ¿es que hay algo verdadero para mostrar? ¿Es que la inautenticidad es fruto de una ficción, o falta de auténticos valores que expresar?

¿No será que de tanto vivir hacia afuera, de tanto fingir, de tanto «dejar pasar» las cosas, se ha producido una desconexión con el auténtico hombre?

Hoy vi, tal como lo cuento, que estamos enfermos, que la inautenticidad no es un galardón sino una lacra. Las piedras, los árboles y los animales se reconocen porque ellos son lo que son... ¿Por qué habría de ser el hombre la excepción y mostrarse diferente de como es? ¿Por qué habría el hombre de provocar tan peligrosas mutaciones en su personalidad?

Venga a nos un poco de claridad para vernos a nosotros mismos como somos, para reconocer nuestros defectos y errores, y para emprender auténticamente un camino de evolución. Porque hoy vi que nada hay imposible cuando se puede ver...

...el desconcierto

Hoy vi el desconcierto. No es una expresión nueva en los rostros de nuestro tiempo, sino que, al contrario, tiende a hacerse cada vez más corriente. Es el signo evidente de los momentos que vivimos: un instante especial en la historia en que cambian la mayor parte de las cosas, en que se disuelven los elementos hasta ahora conocidos y aceptados, y en que no se ven con claridad los nuevos valores que deben reemplazar a los destruidos.

Desconcierto es hoy sinónimo psicológico de ignorancia; de sorpresa ante la vida, pero de una sorpresa cobarde y desalentada; es el quedarse «con la boca abierta» ante las cosas que pasan sin saber qué actitud adoptar. El desconcierto lleva también una dosis de tristeza, aun de amargura, un mucho de desesperanza, y —por qué no— de miedo.

Sin embargo, cuando vi el desconcierto, vi también su raíz y su origen. Si el «concierto» es el orden que interrelaciona las cosas, es la armonía con que se manifiesta una obra acabada, el desconcierto es precisamente lo contrario: falta de armonía y de orden, un transcurrir de hechos en los que ninguno tiene relación aparente con lo de antes ni con lo de después.

Y es normal que hoy se vea el desconcierto. Pero no es normal aceptarlo como una situación invariable a la que hay que someterse sin más.

Es normal que haya desconcierto porque, como decíamos más arriba, la historia gira vertiginosamente en estos tiempos, arrastrando en su giro gran cantidad de conceptos, ideales, formas de vida, valores y sueños. Esto provoca desconcierto...

sobre todo cuando no se sabe que la historia gira y barre con el viento del tiempo los factores menos fuertes y menos arraigados del camino. Ante tantos cambios no es de extrañar que por un instante los rostros de los hombres reflejen la expresión atónita del que ve desaparecer un mundo delante de sus ojos...

Pero esa ruptura, esa momentánea falta de orden no debe afectar la vida por completo. En primer lugar, el conocimiento de las leyes del universo ayuda en buena medida a evitar la sensación de inconsistencia. ¿Acaso nos detendríamos inseguros ante la vida por el solo hecho de perder diariamente una buena cantidad de células superficiales, de que se nos caigan unos cuantos cabellos o de que nos extraigan una muela? El hombre acepta por la evidencia de la experiencia que su cuerpo, como unidad, no se ve afectado por estos cambios exteriores que se producen con cierta frecuencia.

Sin embargo la actitud ante la vida es muy diferente. De la vida se conoce apenas su piel y sus cabellos, sus dientes y sus uñas... y se llora con desconsuelo por esas pérdidas que aparentemente rompen el orden, dando lugar al desconcierto. Se hace de este desconcierto un nuevo valor —el no valor— y se educa y se «prepara» a los hombres en esta negación de las cosas, agudizando hasta el infinito la falta de apoyo moral, intelectual y espiritual. Es entonces cuando se vive para la «casualidad» y la falta de fines y principios se vuelve la peor de las enfermedades: la enfermedad que genera todas las demás.

Se trata, pues, de poner las cosas en orden. Si hay «desconcierto» es porque antes hubo «concierto», y porque el desorden de los elementos no supone la inexistencia de dichos elementos, sino que requiere, en cambio, volver a armonizarlos.

El desconcierto que hoy vi no puede ni debe convertirse en una situación estable. Esto equivale a aceptar como estables todos los traspiés o situaciones de falta de equilibrio a las que nos vemos sujetos momentáneamente, y de las que tratamos de salir —por lo menos en lo biológico— con la mayor rapidez posible.

El desconcierto es apenas un toque de atención, una llamada de la naturaleza para afrontar el inmediato esfuerzo de organizar otra vez aquellos elementos que se han salido de su cauce.

El conocimiento de la vida y sus leyes, de la historia, de la evolución humana y sus potencialidades, contribuyen largamente a borrar el desconcierto y a colocar otra vez en el pedestal del Tiempo aquellas fuertes columnas que nunca habían caído, que tan solo se habían visto nubladas por el viento de los cambios naturales.

Hoy vi el desconcierto... pero mañana ya no lo veré.

...el prestigio

Hoy vi el prestigio... Es como una pequeña luciérnaga que vuela sobre los seres y las cosas, iluminando aquí y allí con la inconstancia propia de estos insectos luminares.

Yo creía —antes de ver— que existían unos valores fijos y buenos para todos, y que la presencia de estos valores era lo que indicaba la otra presencia del prestigio. Pero vi que no es así.

Los valores estables, aquellos que los viejos sabios denominaban arquetipos, son difíciles de percibir y mucho más difíciles de vivir. Así, los hombres los han disfrazado de «cosas viejas» y los han arrinconado en el cajón de los recuerdos. Y en casos peores, quienes se sienten imposibilitados de vivir estos valores, y los juzgan peligrosos en otros hombres, se han dedicado a vituperarlos y desmitificarlos. ¿La virtud? ¿El honor? ¿El conocimiento profundo? ¿Para qué sirven todas estas cosas? ¿En qué banco pueden depositarse; dan dividendos? ¿Cuánto se gana mensualmente siendo bueno y honrado?

De esta forma desaparecieron los grandes valores del escenario de la vida humana, y su lugar fue usurpado por actorzuelos farsantes que varían sus disfraces de día en día.

Ayer fue prestigio la fortaleza interior; hoy es prestigio la fortaleza económica. Ayer fue prestigio la piedad; hoy lo es la bestialidad instintiva. Antes valía la sinceridad; hoy es importante mentir mucho y que se note poco. Antes se hablaba de respeto, y ahora de insolencia. Se ha cambiado la dignidad por la prepotencia. ¿A qué seguir con la larguísima lista de estos actores de moda?

La variabilidad del prestigio es enorme. Son innumerables los falsos ídolos con que llenamos los altares de los corazones. Y toda nuestra capacidad de devoción y adoración se malgasta en los nuevos prestigios, que pueden dejar de ser nuevos y prestigiosos en cualquier momento: bastaría con mover un grado la aguja de los intereses para que nada de lo que ayer era bien considerado hoy valga una sola mirada.

Dinero, posiciones, trabajos «especiales», relaciones importantes, todo esto hace hombres prestigiosos, y sin embargo, cerrados a la más simple de las verdades racionales, hombres soberbios y fríos, hombres que venderían una y mil veces su alma al diablo para no perder ese prestigio, justamente porque advierten cuán inestable es.

Mientras tanto, los pocos que valen se esconden más y más, en una inexplicable vergüenza que no se atreve a competir con la débil luz de la luciérnaga del prestigio. Los locos gritan mientras los cuerdos guardan silencio; los depravados ocupan las calles mientras la gente normal se esconde en sus casas; los asesinos claman por sus derechos mientras los hombres honrados mendigan para vivir... ¡Cuántas incongruencias no arrastra consigo la luciérnaga del prestigio...!

Es que el prestigio, en sí, no es bueno ni malo. No es él quien elige a los que habrá de alumbrar. Son los mismos hombres los que le obligan a apoyarse sobre unos y otros, haciendo que su brillo oscile violentamente entre extremos incomprensibles.

¿Quién maneja los hilos del prestigio? ¿Quién ha entronizado la mentira sobre todas las demás cosas? ¿Quién ha copado el puesto de la verdad?

Hoy vi que, en plena era del prestigio de la mentira, es muy difícil expresar lo que se siente con sinceridad. Por eso también vi que estas pobres palabras tendrán poco prestigio. Pero intuyo que tienen algo de verdad.

...la miseria

Hoy vi la miseria... pero lo que vi no encaja fácilmente en las mil definiciones que del mismo tema recogemos todos los días en las publicaciones más diversas. Hay palabras —como *miseria*— que se han usado y vapuleado tanto, que es muy difícil encontrarles un sentido descontaminado de implicaciones secundarias. Lo social y lo político nos han dominado y carcomido; toda otra valoración queda fuera de órbita. Sin embargo, lo que me impactó en mi visión no fue la miseria que cantan y dicen combatir los políticos y sociólogos de todo el orbe.

Hay dos aspectos de la miseria que llegan al alma en cuanto dejamos florecer la sensibilidad.

Una es la miseria como resultado de un orden de cosas que no se pueden modificar, por lo menos individualmente. Es la carencia creciente que se manifiesta en todo el mundo y que hace que los hombres tengan cada vez menos cosas, y más caras, a la vez que se les induce a apetecer más. Los contubernios están bien montados y tan hábilmente, que para el ciudadano simple y sencillo se hace utópico conseguir un trabajo o poder estudiar sin morirse de hambre. Hasta es difícil morirse, pues no hay sitio donde hacerlo... Mientras tanto la verborrea se vierte en discursos y proyectos destinados a levantar nuestra civilización hasta los confines de las estrellas. Mientras tanto los hombres, sometidos a la injusta penuria de la falta de opciones de desarrollo, van olvidando levantar los ojos hacia las estrellas. Caminar a nivel del suelo se va haciendo cada vez más penoso y agudo. Se trata de una miseria que nos aqueja a todos, cada día nos cuesta más adquirir lo mismo que ayer; a todos nos faltan más cosas que ayer; a todos nos envuelve esta ola de dificultades pintadas de tan vivos colores que nos pesa intentar enfrentarlas.

La otra miseria es una carencia interior, fruto probable de una educación deficiente, de una sociedad volcada hacia problemas ajenos a la evolución humana, pero también fruto inequívoco de un alma débil y envilecida. Duelen terriblemente hondo esas personas que han aprendido a satisfacerse y a servirse de su miseria, que muestran con orgullo y descaro su suciedad y desgana, que a ojos vista desarreglan sus cabellos para mejor remarcar la susodicha miseria. Duelen los que piden sin vergüenza, exigiendo de los demás algo que evidentemente ellos no han sabido aportar: su propio esfuerzo. Duelen las palabras soeces unidas a las peticiones de limosna, los niños «alquilados» y drogados en las aceras, sumidos en un sueño falso que hoy les cubre de frío y mañana les hará insensibles a su orgullo interior. Esta miseria huele a derrota humana, y es por cierto la más terrible de todas.

Las circunstancias externas, aunque complejas, pueden mejorarse y superarse, siempre y cuando exista un impulso profundo que se mantenga inalterable. Pero cuando cae la condición humana, no hay situación individual ni general que pueda arreglarse. Ahora la miseria se ha hecho carne con el hombre, y lejos de añorar su verdadero destino, se solaza en la carencia que irá asemejándolo poco a poco a los más bestiales animales.

Hoy vi la miseria, una vez más, como una vieja enfermedad que vuelve a acosarnos en nuestros tiempos. Pero la de hoy es una muy grave enfermedad, pues no hay peor enfermo que aquel que no quiere curarse... Los hombres de hoy no tienen conciencia de la miseria como enfermedad; ven en ella, al revés, un motivo de distinción en este mundo que ha puesto la debilidad y el desorden en el trono más alto. Los hombres que vi no quieren salir de su miseria; antes bien, intentan aprovecharse de ella cual si fuesen «laboriosos» artesanos y labradores. Es más fácil pedir que ofrecer, es mejor recibir que dar.

Y sumamos otro factor de enfermedad que agrava aún más la situación: el enfermo que no quiere curarse pretende, en cambio, contagiar a todos los demás de su mal. En este nuevo esquema de concepciones, vale más el miserable de mirada torva, el sucio, el mentiroso, el ladrón, el criminal. Esta es la enfermedad y este es el distintivo: hoy se tilda de «enfermo» al que todavía intenta mantenerse sano.

Hoy vi... pero debemos dejar de ver. Desde el fondo mismo del alma, allí donde residen las fuerzas superiores que nos dan la categoría de humanos, debemos levantarnos para erradicar esta nueva y extraña peste. Devolver y devolvernos el sentido de la vida, el gusto por la pulcritud y la belleza, la satisfacción del esfuerzo continuado por lograr las propias metas. Borrada la miseria personal en la medida de las personales posibilidades, podremos alterar asimismo los sistemas que hoy favorecen el envilecimiento.

También hoy vi que, si bien el hombre depende de los sistemas, los sistemas fueron creados alguna vez por los hombres. Se trata, pues, de lograr mejores hombres para entronizar mejores sistemas.

Si miseria es carencia, comencemos por no carecer de lo esencial: esa dignidad humana que nos viene desde los mismos dioses.

...el absurdo

Hoy vi el absurdo... y no es la primera vez que me golpea en la vida; solo que existen momentos en los cuales las cosas se advierten con otro tipo de claridad.

¿Cómo he visto el absurdo? Como una fuerte y antinatural torsión, como un resorte falsamente comprimido, presto a saltar ante cualquier estímulo. Vi nuestra realidad cotidiana alterada, como si una nube intentase cubrir el aspecto normal de la vida, deformándolo con base en espectros engañosos. Vi que lo que es, parece no ser; y lo que no es, aparenta serlo de verdad. Vi que las cosas se suponen, aunque no se saben; y las que se saben se rechazan por falta de seguridad en las propias ideas.

Siempre me intrigó, desde adolescente, el caso de aquellos teoremas que estudiábamos en nuestras clases de geometría, los que a falta de argumentos lógicos para demostrar la verdad de su tesis, recurrían al absurdo para llegar a una conclusión ilógica, a partir de la cual se podía considerar como cierta la primera afirmación. Decíamos entonces: si a este absurdo se llega por negar la afirmación de la «tesis», es señal de que nuestra tesis es verdadera.

Para las mentes jóvenes, aquella era una fórmula eficaz, y jamás se nos ocurrió discutirlo. Sin embargo, dentro del mundo corriente, una vez que se sale de las aulas, de los libros de estudio y de la lógica de las matemáticas, esas mismas conclusiones carecen de valor.

Vivimos en medio de una atmósfera humana cargada de absurdos, pero a nadie se le ocurre razonar que si llegamos a estos absurdos en función del tipo de vida que vivimos es porque estamos negando —aunque sea inadvertidamente— algunas verdades importantes.

Por poco que se observe nuestro entorno, salta a la vista que en la mayoría de los casos la gente dice una cosa y hace otra muy distinta. A veces se trata de una falta de relación entre las diferentes partes de la misma persona. Otras veces es el miedo el que obliga a expresar determinadas palabras, actuando no obstante en sentido contrario. Todos dicen «amar», pero es más bien odio o antipatía lo que sienten, dejando para el mejor de los casos la indiferencia. Todos dicen estar preocupados por los acontecimientos de nuestro momento histórico, cuando en verdad se intenta pasar los días lo mejor posible, olvidando los problemas y los sufrimientos de los demás... aun cuando esos sufrimientos podrían ser los nuestros propios en poco tiempo más. Y así seguiríamos con una larga lista de ejemplos.

Tampoco hay paridad entre lo que se dice y lo que se piensa, si es que se piensa alguna vez en lo que se dice... Estamos tan acostumbrados a responder a los estímulos de la propaganda de todo tipo, que nos hemos olvidado de pensar por nosotros mismos. Y cuando creemos que por fin lo hacemos, estamos repitiendo sin querer los eslóganes de moda.

Continuando con los absurdos que pude ver, unas son las cosas que se hacen y otras las que se pueden hacer. Generalmente los hombres se esfuerzan poco y nada, y en lugar de desarrollar al máximo sus potencialidades, exigiéndose a sí mismos todo lo que pueden dar, se conforman con lo estrictamente necesario, lo justo para sobrevivir y no ser señalados con el dedo.

No se diferencia bien lo que se cree saber de lo que se ignora; siempre se opina, porque por lo visto resulta indispensable tener una opinión sobre todas las cosas, sean o no de nuestra incumbencia, caigan o no dentro de nuestro ámbito de acción.

Con lo cual las opiniones asfixian por lo diversas, por lo inestables, por ser poco valederas.

Las mentiras bien adornadas se aceptan sin más; las verdades han terminado por resultar inverosímiles.

Hoy vi el absurdo de las grandes e inútiles máscaras que cubren todas las cosas, haciéndoles perder autenticidad y frescura. ¿Cuál es el miedo que nos atenaza? ¿Por qué este ocultamiento detrás del absurdo? ¿Por qué seguir sufriendo sin necesidad, cuando en todos vibra el impulso de descubrirnos alguna vez y mirar de frente?

Creo que ha llegado el momento de resolver nuestro teorema. Hemos de plantearnos seriamente que si hemos llegado a tanta cantidad de absurdos en la vida, es que hemos escogido el camino equivocado. Y hoy vi, como siempre en estos casos, que estamos a punto de retomar la senda correcta. Dios nos permita volver nuestros pasos hacia la verdad.

...la mentira (I)

Hoy vi la mentira. Astuta, serena y poderosa, ella fundamenta su imperio en que nadie la reconozca, en su capacidad de disfrazarse de mil cosas distintas, en sus maniobras que enredan y disimulan, en sus peligrosas y sutiles redes que llegan a cubrir la verdad.

Al ver la mentira, he observado la mínima diferencia que la separa del error y la ignorancia, diferencia que a fuerza de pequeña, hace que el error y la ignorancia dejen paso libre a la mentira.

Quien nada sabe, es probable que se equivoque en sus juicios y apreciaciones; es probable que desacierte el camino y que el sufrimiento señale en más de una oportunidad el error cometido. La ignorancia puede muy bien ir en contra de la verdad, de las leyes naturales, de los ritmos vitales; pero la ignorancia es inconsciente. La mentira, en cambio, no.

Contra los errores impensados, una buena dosis de educación, una suma práctica y sencilla de conocimientos, alcanzan para diluirlos. Aquí no había intención de daño, y por lo tanto, es fácil compensar la ignorancia con un sincero deseo de hacer bien.

Contra la mentira se requieren fuerzas más directas, elaboradas y hábiles. En la mentira hay intención de engaño; hay una necesidad de tergiversar las cosas que se traduce en necesidad de hacer daño. Daño a los demás, que beneficia a quienes ejercen la mentira.

Hoy vi la mentira, y vi su forma de actuar. La mentira es enemiga de la verdad, y su mayor esfuerzo está centralizado en obstaculizar los trabajos del hombre, no del todo simples por otra parte, para descubrir la verdad.

La mentira se disfraza de pensamiento, de razón lógica, de argumento contundente; pero es disfraz, es falso. Toda su razón son juicios perniciosamente dirigidos hacia un fin previsto, sofismas indiscriminados que fomentan aquello de que «el fin justifica los medios». La desmitificación de lo bueno, el olvido «involuntario» de lo positivo, el realce empalagoso de los errores, la exageración y la amenaza, son algunas de sus armas «lógicas».

La mentira se disfraza de sentimiento, pero también este es un triste remedo de la verdad. Ella no siente nada, ni nada le importa, salvo cumplir con su cometido de oscurecer el panorama de la vida. Tras la mentira vendrán dulces palabras de amor y comprensión, de respeto por la vida, de salvaguarda de los derechos humanos, de cuidado ecológico de la naturaleza. Pero es mentira. Lo que la mueven son otras fuerzas que nada tienen de piadosas y cariñosas, y sí mucho de solapado deseo de esclavizar a los de corazón sensible.

La mentira se disfraza —nuevo disfraz— de acción y con ello satisface el impulso natural de la juventud. Pero su acción está dirigida hacia sus ocultos fines; su libertad es un velo aparente; su movimiento es cual la corriente engañosa de un río de la que luego ya no se puede escapar. La mentira no actúa: hace actuar a los demás en aquello que ella necesita; ella espera, aprovecha, utiliza.

La mentira se disfraza de dama, y de sus parlanchines labios surgen multitud de palabras agradables. El halago no le es desconocido; abre con él las más difíciles puertas. Y así, la boca de la mentira se multiplica hasta el infinito, en miles de bocas que hablan, hablan, sin parar... sin detenerse jamás a oír la voz de quien, aun sin conocer la verdad absoluta, se atreve a preguntar por ella.

Hoy vi la mentira y a pesar de sus disfraces vi también que no es muy difícil desenmascararla. Para hacerlo, hay que perderle el miedo, hay que pasar más allá de su dócil y agradable apariencia. Hay que preguntarle muchas veces «por qué», «hasta dónde». No hay que dejarla hablar siempre; se impone introducir una mínima ración de diálogo.

Y sobre todo, se impone un sano conocimiento. Si todo lo que sabemos proviene de la cantera de la mentira, jamás podremos luchar con ella. Seremos sus felices servidores, atentos a sus mínimos deseos; condenados de antemano a morir de desesperación el día en que descubramos una punta del velo de su disfraz. Allí donde ella despotrica, allí donde ella señala con su dedo acusador, allí donde ella anatemiza... allí mismo podría encontrarse la punta del ovillo de la verdad.

Todos vemos la mentira; la vemos a diario aunque sin saber quién es ella. Ahora falta descubrirla, conocerla en su verdad de mentira, y tras esa experiencia, mirar otra vez hacia la vida con unos ojos limpios, libres de error e ignorancia, depurados en el dolor y felices de poder lanzarse hacia un futuro de luz y realidad.

...la mentira (II)

Hoy vi la mentira...

Estaba vestida de reina... y en sus ojos brillaba la hechicera satisfacción de haberse hecho la dueña de los hombres.

No la vi como reina hierática en su trono, sino como activa instigadora de todos sus súbditos. Tiene ella en su poder un diabólico filtro que, una vez bebido, entorpece el entendimiento y hace ver las cosas al contrario de lo que las cosas son.

Mientras la mentira iba recorriendo el mundo, los hombres, a su paso, quedaban hipnotizados ante sus extraños poderes. Era fácil reconocer por dónde ella había pasado, pues por allí ya no existía ni asomo de buen juicio. Los unos peleaban contra los otros, y unos y otros esgrimían idénticas falsedades, aunque de signos contrarios. Largas peroratas servían de intermedio a las luchas violentas, y en ellas oí llamar libertad a la tiranía, tiranía a la libertad; miedo al honor y honor al vicio; fealdad a la virtud y belleza a la pornografía; valor a la agresividad bestial y ultraje a la exposición de lo cierto; evolución al ateísmo y gazmoñería a la fe; sinceridad a la falacia y absurdo al sentimiento del bien; amor al comercio y deseo de enriquecimiento al verdadero amor...

En fin, un mundo al revés, iluminado por el fulgor infernal y peligrosamente atractivo de los ojos de la mentira.

Recordé, entonces, como en instantáneo relámpago, viejas tradiciones sobre la mentira. El mito de la caverna sirve a Platón para contar de unos pobres hombres encadenados a la materia, de espaldas a la verdad, y contentándose apenas con las ilusorias sombras que se reflejan en el fondo de su cárcel. Y sin embargo, esos seres, presos de la mentira, siguen adorando a su reina, porque ella se ha cuidado muy bien de que no conozcan otra cosa que no sea ella misma.

Recordé también el mito de Pandora y su belleza fría e irresistible. Me pareció que la mentira tenía el rostro de Pandora, hermoso, impasible, cautivador y duro; no es un rostro humano, sino el de una muñeca fabricada por los demonios para turbar a los hombres. Y, efectivamente, la Mentira-Pandora solo trae males al mundo. Ella viene cargada con su caja de ilusiones, y tras ella corren todos, esperando ver salir prodigios del fondo del arcón. Se abre la caja, y los prodigios prometidos son, en cambio, males y dolores, sufrimientos y maldición, tristeza y oscuridad, desconcierto y desesperación.

Mientras tanto, la Verdad yace escondida, vestida de harapos, destronada de su Ley, acurrucada en el fondo de la caja de Pandora, cual la esperanza que, según el mito, fue lo único que quedó guardado cuando los males se desparramaron por el mundo.

Ha llegado la hora de volver a abrir la caja de Pandora; ha llegado la hora de destruir los males que la mentira ha diseminado entre los hombres. Ha llegado la hora de recuperar la esperanza. Para hacerlo, basta con salir de la caverna que menciona Platón, basta con tener el coraje de la sabiduría para abrir la caja del misterio, basta con mirar a los ojos de la mentira firmemente, con el valor de la esperanza reconquistada y de la falsedad desterrada.

La mentira que vi no resiste un instante la mirada de la verdad.

...la violencia

Hoy vi a la violencia enseñorearse del mundo. Y no es la primera vez que ella lo hace, ni tampoco la primera vez en que, cuando lo hace, emponzoña todo lo que toca.

He visto cómo miles y miles de jóvenes ponen sus mejores energías al servicio de la destrucción, haciendo de sus propias vidas míseros guiñapos, y estropeando sin piedad ni sentimiento alguno las vidas de los demás. He visto y comprendido que la fuerza de la juventud, esa fuerza intrínseca y propia de esta etapa de la existencia, ha sido malograda y convertida, no en fuerza joven, sino tristemente en su pariente bastardo: la violencia estéril.

Pero la violencia no es una enfermedad que brota espontáneamente, sino que tiene raíces múltiples y profundas. Detrás de la violencia se esconden, agazapados, el miedo, la cobardía, el resentimiento, la envidia, el hastío interior, la falta absoluta de espiritualidad y, aunque parezca mentira, la inacción.

Habitualmente es fácil confundir la violencia con acción, y aun con exceso de acción. Pero no es así. La acción es lo que construye, lo que avanza, lo que se extiende hacia un futuro mejor que el presente. La violencia, en cambio, es una forma de escapar de la acción positiva, enmarcando en la destrucción toda la energía animal que encierra el hombre. Construcción y destrucción no son ambas modalidades de la acción: la primera sí lo es; la segunda es la negación de la acción.

Hemos hablado también de hastío como causa de la violencia. Y es bien cierto que la juventud actual es vieja de hastío cuando apenas debe comenzar a vivir. La niñez se ha convertido en un período imbecilizante, en donde lecturas, televisión, cines y charlas mal dirigidas niegan al niño sus capacidades infantiles, y le confieren en cambio la posibilidad de «participar» de todos los problemas de los mayores. La adolescencia —que por algo adolece— es una burda imitación de la vida de los mayores, donde los que nada saben aún, juegan a saberlo todo y a probarlo todo en un afán, tal vez oculto, de mejorar un mundo que no les satisface. Y así se llega a una juventud harta de experiencias, seca para todo sentimiento noble, y propensa a la burla y el cinismo, como réplica a miles de desilusiones acumuladas.

Duele en el alma comprobar diariamente cuántos jóvenes cometen actos que nos hielan la sangre de solo imaginarlos, sin remordimientos y sin clara conciencia de lo ejecutado. Duele comprobar que la edad del estudio, y de los descubrimientos, del amor, y la amistad, ha sido reemplazada por la época del odio, el rencor, las armas y la ignorancia total como bandera. Duele constatar que los claros ejemplos de la humanidad se convierten en trastos de buhardilla porque, no pudiéndolos imitar, más vale esconderlos en ridícula naftalina.

Y ahora cabe preguntarse: ¿es la juventud culpable de su propia enfermedad? Sí, lo es, pero tan solo en parte. Hay otros culpables, encerrados tal vez entre aquellos mayores que aseguran amar a la juventud.

Es fácil criticar sin más a la «vieja generación», culpándola de todo lo que acontece a los jóvenes de ahora. Es fácil, pero no es prudente, ya que recomendaríamos a los actuales jóvenes pensar por un instante qué dirán de ellos sus hijos y sus nietos. Si el ejemplo de los mayores no fue del todo positivo, el ejemplo de la generación presente lo es mucho menos todavía, y no me refiero a las honrosas excepciones.

Pero los mayores, en el afán de crear jóvenes «felices», con la mayor buena voluntad, han creado un mundo de pesadilla, donde el joven, en plena «libertad», ha hecho y dicho de todo, encontrándose con que nada le sirve, salvo un rencor sordo que alimenta en su interior, y que manifiesta en la mentada violencia.

Se ha querido conceder todo a la juventud, incluso la libertad de condicionar sus propias vidas al propio gusto. Pero se ha olvidado algo importantísimo: nadie le enseñó a valerse de la libertad; nadie le enseñó cómo se acondiciona una vida, y aun nadie se presentó ante los jóvenes con suficiente autoridad como para ser atendido. Padres, maestros y sacerdotes lamentan, con lágrimas que nadie ve, la violencia que ellos mismos soportan como fruto de una blandura de carácter a destiempo.

Hoy la violencia es la señora; hoy ella cobra sus tributos a diario, y sus altares son los más concurridos de ofrendas, cual dios sangriento que pide víctimas sin cesar. Hoy hay violencia en todas las actitudes humanas: desde el simple saludo gruñón de la mañana, pasando por las disputas callejeras casi sin motivos, hasta llegar a complejos planes maquiavélicos destinados a hundir a la humanidad, tarde o temprano, en el más negro salvajismo.

Es indispensable destronar a este falso dios; es indispensable recolocar a la Fuerza Constructiva en su verdadero sitio. La vida tiene en sus tramas suficientes pruebas y dolores como para desperdiciar energías creando otros nuevos y artificiales. Es indispensable construir y construirse, desde los niños a los ancianos; es necesario volver a su lugar cada edad, cada sentimiento, cada conocimiento, y veremos entonces a la violencia deshecha por su propio impulso, mientras crece la fuerza natural y legítima, la que lleva a la evolución positiva.

...el recuerdo

Hoy vi el recuerdo... No es exactamente lo que los hombres llamamos memoria y concebimos como una de tantas funciones de nuestra vida intelectual. El recuerdo que vi es la estela que deja la memoria... Es como las sombras que marcan los objetos cuando el sol los ilumina...

Cuando niños leímos alguna vez el cuento sembrado de magia de aquel personaje que quiso desprenderse de su sombra. Cuando niños queremos afirmar nuestra personalidad y creemos conseguirlo diferenciándonos de todo lo que nos rodea... hasta de la sombra.

También como hombres-niños huimos de todo lo que nos relaciona con el universo y lanzamos nuestro reto fatuo considerándonos solos, aislados, poderosos en esa soledad y autosuficientes al no depender de nada. Sin embargo, llora el hombre-niño en su soledad, mientras que al mismo tiempo reniega de todo aquello que constituye sus raíces hacia el pasado y su fruto de esperanza hacia el futuro.

Hoy vi el recuerdo: unas raíces sutiles y fuertes que se hunden en el pasado. Hoy vi la sombra de nuestros actos, muchas veces distorsionada por el correr del tiempo, sombra que se empequeñece o se agiganta según nuestros dolores íntimos le den un poco más o menos de luz. Hoy vi que el recuerdo es un lazo imposible de cortar, tanto como aquel otro de la esperanza que se tiende hacia el mañana.

Es cierto que la mayoría de las veces se nos borran los hechos concretos de la mente. Es cierto que quedamos mudos o cortados cuando tenemos que recurrir a los pobres detalles que nos muestra la memoria al intentar reconstruir las circunstancias de nuestra vida. Es cierto que nombres, fechas, sitios y palabras vuelan como el viento de las mente. Pero queda siempre el recuerdo... el camino barrido por el viento que conserva huellas de aquellos nombres, de aquellos hechos que alguna vez fueron presente en nosotros. Queda el sabor de la experiencia, de lo que se ha vivido, que después de todo es la mejor forma de recuerdo.

Cuentan las viejas tradiciones que el hombre es un ser crucificado en el espacio. Y es fácil intuir que también en el tiempo. Un brazo de la cruz es el horizontal, el que nos mueve entre el pasado y el futuro, pasando por el punto central de enlace del presente. El otro es el brazo vertical de la cruz, el que corre entre la Tierra y el Cielo y el que nos lleva desde un pasado ancestral de criaturas encarnadas, hasta una promesa ancestral también de seres inmortales. Y allí estamos nosotros, en el centro mismo de la cruz, soportando las tensiones de estas dos formas tan particulares de recuerdo.

El recuerdo «horizontal» nos trae al «ahora» todo el conjunto de las experiencias adquiridas. Nos vuelve infantes por un momento, a veces adolescentes, soñadores e inquietos; nos acerca ramalazos de dolor y nos obliga a esbozar sonrisas. Nos permite reconocernos en el pasado... lo mismo que en el momento presente; nos hace sentirnos siempre «uno», con opción a transitar por el tiempo y a llegar al mañana.

El recuerdo horizontal se refleja en nuestros espejos y hace sombra en las arrugas de nuestro rostro...

Pero está el otro recuerdo, la estremecedora reminiscencia de una perennidad que va más allá de una vida que rompe las barreras de los años que delimitan nuestro cuerpo. Este otro es el recuerdo del alma, y es asimismo una raíz que nos lleva a un extraño pasado de paraísos perdidos y de olvidos sustanciales. Es el impulso primordial que nos arranca de la cárcel de materia y nos deja levantar el vuelo hacia fronteras superiores de libertad celeste. Este recuerdo nos habla de un «soy, he sido y seré siempre». Va de arriba hacia abajo, del alma hacia el cuerpo, rescatándonos de las sombras en que nos sumimos por debilidad e ignorancia.

Hoy vi el recuerdo... Una sombra grotesca y movediza seguía el paso de mi figura física. Otra sombra casi sin forma y tan solo definida por su brillo y claridad, seguía a ese Yo profundo que espera pacientemente ser rescatado de su cruz en el espacio.

Hoy vi el recuerdo: tenía rostro de Salvador.

...la esperanza

Hoy vi la esperanza... Extraño don salido hace miles de años de la mítica caja de Pandora, todavía sigue siendo fundamental para los hombres. Y es probable que la veamos, elevando hacia ella los ojos, cada vez que el desconcierto y la angustia hace presa en nosotros.

Dicen las tradiciones de nuestro ancestro helénico, que hace ya mucho tiempo, cuando los hombres habían desperdiciado sus oportunidades de crecimiento y redención, los dioses los castigaron enviando a la tierra una mujer-robot de extraordinaria belleza. Llena de perfidia, esta mujer (Pandora) fue fácilmente aceptada por los hombres y aun por los héroes, confianza que aprovechó para abrir la caja de su oculto tesoro que siempre la acompañaba, dejando caer todos los males conocidos sobre este mundo... Pero, en el fondo de la caja quedó la esperanza...

Y en el fondo de todos los hombres vive un resto de esperanza cuando todos los caminos han sido cegados, cuando todas las ilusiones han sido aplastadas, cuando ninguna luz se vislumbra en el horizonte.

Por eso, hoy vi la esperanza, y su visión me ayudó a comprender cuántas y cuántas cosas hemos perdido los humanos para que esta imagen tenga que presentarse ante nosotros.

Ciertamente, muchas cosas se han perdido; muchos valores se han quebrado en este extraño momento de transición histórica que viene a cerrar nuestro siglo XX. En verdad, falta luz, falta claridad de conceptos; la mente y los sentimientos están como embotados ante el cumplimiento de sus funciones naturales.

Todo parece sumergirse en una peligrosa inercia, cuya fuerza de arrastre se traduce en destrucción y violencia en todos los órdenes. Es entonces, cuando aparentemente ya no queda nada en el fondo de la caja de la vida, cuando la esperanza se deja ver.

Esperanza es esperar... es tener esa dosis de paciencia y de fe que nos permite superar el mal momento presente para lanzar las energías hacia un futuro mejor. Pero, cuidado... esperanza no puede ser esperar continuamente.

Este misterioso don de los dioses es tan frágil y sutil como las sombras mágicas que se dibujan en los atardeceres. Hay que saber atrapar la imagen con rapidez antes de que ella se disuelva entre las sombras mayores de la noche. Hay que saber actuar con prontitud una vez que el compás de espera nos ha permitido recuperar el aliento.

La esperanza no es un don para los hombres inactivos; ni siquiera lo es para aquellos que se han dejado caer definitivamente ante las dificultades. La esperanza es una promesa, pero hay que luchar denodadamente para plasmar esa promesa... Ella promete, nosotros realizamos.

La visión de la esperanza me ha llenado de gozo. No podemos –no debemos– renunciar al esfuerzo constante que supone la existencia. No es noble aflojar el impulso cuando las dificultades son mayores. Precisamente cuando todo parece imposible e insalvable, es cuando la esperanza se asoma desde el fondo de su caja mágica, y promete otros tiempos para quienes saben verla.

¿Quieres tú también ver la esperanza? Asómate a mi gran ojo, al ojo que corona estas páginas y también la verás detrás del velo del momento actual que hoy nubla nuestro entendimiento. La verás envuelta en velos de ilusión, tenue como los sueños, pero tan real como el entusiasmo que, estoy segura, vive en el fondo de tu corazón.

...la muerte

Hoy vi, en extraña visión, a la Muerte.

Y esa visión me valió para entender, al menos por un instante, que no están vivos todos los que están dentro de un cuerpo, ni están muertos tan solo quienes ya no pueden percibir sensiblemente.

La muerte, con su fatal claridad y nitidez, con su definición sin rodeos, se me ha presentado como un límite entre dos formas de vida: una, la que ya conocemos, y otra, llena de misterio pero también atractiva. Y entonces, la muerte, como cesación, no sería más que el instante de traspaso en que ya no se sirve para seguir en la tierra, y en que todavía no se ha tomado exacta posición del campo del cielo.

A despecho de la muerte, solemos llamar vivos en la tierra a todos aquellos que tienen un cuerpo biológicamente funcional. Pero esto nos lleva a un análisis de inmediato: si estar vivo es tener un cuerpo en funcionamiento, las plantas y los animales están vivos como los hombres, y no habría diferencia entre el existir de ellos y nosotros. De hecho, debe haber alguna diferencia, cuando tan poco se castiga el cortar una flor y tanto se critica la muerte de un hombre... De modo que, como es habitual, llegamos a la conclusión de que la diferencia estriba en la capacidad de pensamiento que es propia de los humanos, y ella es la riqueza capital que hace tan valedera la vida en este superior nivel.

Por eso, nuevamente nos hacemos la pregunta: ¿es que todos los hombres están vivos? Para ello, todos los hombres deberían estar preparados para el correcto pensar, y lamentablemente no es así.

La discrepancia de opiniones que a diario se manifiesta nos revela que el correcto pensar no es aún dominio del hombre, porque lo correcto, lo bueno y lo exacto no puede ser variable.

Ni todos los hombres piensan, ni todos los que piensan lo hacen de manera constructiva. Pensar tan solo en el propio beneficio no es privativo del ser humano. Pensar y exponer bellas ideas que se piden para los demás pero no para uno mismo es degenerativo del ser humano. No pensar ni preocuparse por nada que no sea el buen vegetar, es robar sitio a la vida y anquilosar un alma que necesita de otros alimentos y otras actividades.

En realidad, lo que vive en nosotros no es la máquina corporal; ella no es otra cosa que buen instrumento para la manifestación de lo que realmente está vivo y nunca puede morir; de aquello que no es material, que escapa al tiempo y a los límites, y que nos llena (muchas veces a pesar nuestro) de extrañas nostalgias de un mundo distinto...

Por otra parte, e igualmente a despecho de la muerte, no han desaparecido los que perdieron su cuerpo. Todo depende del recuerdo que hayan grabado a su alrededor, pues las nobles gestas bien pueden perdurar aún sin materia de apoyo. Hay vidas pasadas que fueron tan nítidas que aún cunden entre los hombres de ahora, dándoles nuevas fuerzas y nuevo aliento para trabajar por un ideal.

Bien poco es lo que roba la muerte: apenas un cuerpo; tan solo un vehículo; pero nada toca a la esencia divina que late en lo profundo de cada ser. De ahí que no es válido el temor a la muerte. A estar con nuestra tradicional creencia en la inmortalidad del alma, la muerte no puede con la vida eterna. Y quienes no creen ni en su alma ni en su propia inmortalidad, tampoco deberían temer a la Muerte, ya que nada les puede quitar...

Nos cuesta comprender cómo quienes rechazan toda idea mística y espiritual, quienes pretenden ver en la vida un chispazo de la casualidad, son los que más se aferran a dicha vida, si bien, en realidad, solo trabajan para la muerte. Porque proponer una vida vacía, donde no hay Dios, donde el honor ha pasado de moda, las virtudes son obstáculos de una moral retrógrada, la historia es una molestia y el arte una mera pérdida de tiempo, es lo mismo que proponer la muerte. Mucho tendrán que esmerarse quienes quieran imponer tal estilo de vida; en el mejor de los casos solo lograrán ser seguidos por quienes, muertos de antemano, solo arriesgan un vano deambular por el mundo, sin sentido y sin meta.

Llamaremos, sí, vivos a los que, sin miedo a la muerte, saben trabajar para hoy y para siempre, poniendo su esfuerzo en lo realmente imperecedero. La lucha por una concepción material, por una existencia dedicada exclusivamente al estómago y a la violencia, sin atisbo de perdurabilidad, no merece siquiera ser empezada. Esa es la vida del reino de los muertos, donde hasta la misma muerte teme entrar porque nada tiene para llevar...

Y en honor a esa Muerte que hoy he podido ver, debo confesar que también ella prefiere a los hombres vivos, a los de alma despierta y mente lúcida, a los que se vierten en acciones inegoístas, con hondo respeto por las figuras que marcaron los caminos previos de la historia, y con gran ilusión en los que caminarán más adelante por esos caminos. Porque en este reino de los vivos, la muerte encuentra en ellos el único material digno de ser transportado a la gloria y a la inmortalidad.

...al amor

«El amor es una fuerza tremenda que une las cosas y las mantiene» (Jorge Á. Livraga).

Hoy vi al Amor, el más viejo y olvidado de todos los dioses. Aquel que fue origen primero y misterio supremo para los antiguos griegos, yace abandonado cuando no vituperado por los hombres. Pero nada más curioso que el destino del amor: mientras nadie cree en él, ni nadie ya lo sigue, nadie sin embargo deja de mencionarlo.

Su figura se ve triste, abatida y desprovista de las brillantes cualidades que antes la adornaban. Entre el amor de la génesis del universo y lo que hoy se llama amor, ninguna semejanza queda. El amor se disfraza con harapos y arrastra su miseria por el mundo, porque los humanos han dejado de entregar sus ofrendas a esta deidad ancestral.

La prueba fehaciente de que los hombres han olvidado al amor, es que ellos ya no aman a Dios. Perdida la fe (hermana del amor), deambulan por la vida sin tener una finalidad, y sin concebir el sentido mismo de la existencia. Al no amar a Dios, los hombres se han vuelto fatuos y vanidosos, creyendo que ellos podían reemplazar a la fuente del universo. Pero ¡triste ha sido la experiencia! Los hombres se han quedado sin Dios y sin fe en ellos mismos...

Por eso nos es dado ver que el hombre tampoco ama a la humanidad. Ha perdido la fe en el conjunto y en el individuo. Nada más difícil de comprender que la convivencia y el apoyo entre unos y otros. Por el contrario, al lado de la vida actual, son los animales quienes ofrecen mejores ejemplos de lealtad y cariño. Al hombre le ha quedado el odio, el resentimiento, la envidia, la fuerza bruta y el afán de destrucción por la destrucción en sí.

¿Y acaso el hombre se ama a sí mismo? Tampoco eso. Es tanto lo que se odia, que se abandona a los impulsos del instinto, sin cultivar aquellas características que lo transformarían en verdadero Hombre. No se da tregua en ningún aspecto; no tiene compasión de su propia condición humana. O se exige más allá de su medida o no se exige nada. No se ama. No vive.

Bien poco es lo que podríamos aportar sobre el amor del hombre por la naturaleza que le circunda. También aquí ha caído la maldición de la destrucción sin sentido.

Aparentemente los hombres aman los bienes materiales, el poder. Pero tampoco saben para qué los quieren. Ese «vivir la vida» que alegan, es apenas el breve revoloteo de la mariposa de Psiquis, al lado del perenne vuelo de las poderosas alas de Eros.

Sí, las alas de Eros están rotas. El viejo dios ya no vuela sobre la humanidad y los hombres están pobres de amor. Confundidos en su desolación, inventan atributos a un amor que desconocen, destrozándolo aún más con la ignorancia.

Pero no todo está perdido en este camino. El mismo hecho de seguir hablando del amor aunque no se practique, indica que existe la necesidad imperiosa de esta fuerza superior.

Todos los hombres que, levantando sus ojos más allá del horizonte de la tierra, buscan un amor superior, restauran poco a poco las alas del dios herido.

Hoy he visto al Amor y he sentido que nosotros lo hemos hundido, somos los únicos que podremos reponerlo en su trono resplandeciente. Con cada destello de amor que dejemos vivir en nuestro interior, habremos creado una nueva joya para la corona de Eros. Por cada vez que echemos a volar hacia nuestras esferas superiores, soñando con mundos mejores para toda la humanidad, habremos forjado nuevas plumas para Eros.

Hoy vi al Amor, y este es un canto de esperanza... Si yo he podido verlo, aunque oscuro y pobre, es que muchos otros también ya lo han visto y lo verán. Y será un acto de amor el devolver la gloria al Amor.

...a la musa de la historia

Hoy vi a la musa de la historia.

A fuerza de leer y soñar con los viejos clásicos, aquellos que recibían la visita inspiradora de estas sutiles inteligencias, me he extasiado en la contemplación de un pulido mármol con formas femeninas que representan la historia.

Y he intentado ver más allá de las formas, más allá del mármol, procurando extraer el misterio de la diosa que rigió el concepto de tiempo y de historia durante tantas centurias.

Quise acercarme a ella explicándole lo que ahora llamamos historia, y tuve vergüenza de exponer tan pobres palabras. Me di cuenta de que la historia ha quedado restringida a una serie de relatos que se leen en los libros, más o menos adulterados y teñidos por las ideologías de cada época. Me di cuenta de que la historia había dejado de ser activa, o por lo menos dependía de unos pocos hombres que gobernaban los hilos a su gusto y según sus propias conveniencias, nunca suficientemente claras ni limpias. Y la propia visión de la musa me trajo a la memoria el legendario mito de la caverna, que tan bien expusiera Platón: unos hombres encadenados en conjunto en el fondo de una caverna, y unos invisibles amos de la caverna que prometían constantemente «libertad» a los condenados a vivir tomando las sombras de los muros por realidades. Los atrapados en las sombras y en el engaño, difícilmente pueden hacer historia; y si la leen, leen tan solo la que le presentan los oscuros amos de la caverna.

Ante tanto desconcierto, ante tanta falta de ideales elevados —le explicaba a mi musa—, la historia ha tomado rasgos de casualidad, olvidando el ritmo, la ley, la armonía, el criterio, los designios y los profundos trazos que requiere el avance de la humanidad.

Pero comprendí que mi musa no lo había sido jamás de la casualidad. Ella había regido sobre los hechos esenciales marcados por la Necesidad, la Ley y la Acción. Ella había sido, ciertamente, la musa del destino. Ella había inspirado a los hombres, señalándoles el camino a recorrer, el camino apropiado para llegar a buen puerto.

Hoy vi la musa de la historia, y ella también me ayudó a ver en los enigmas del libre albedrío, aparentemente opuesto a la predestinación. Aprendí que las supuestas «creaciones» humanas son efectivas en cuanto se desenvuelven en los cauces de la Gran Ley, del Gran Destino; entonces sí estamos frente a una indudable predestinación. ¿Es que no cabe, acaso, que quien nos ha dado la vida y a animado los mundos, haya designado también un devenir para estos mundos y para sus seres vivientes?

¿Y cuál es nuestro libre albedrío, nuestra capacidad de creación individual?

Es nuestra posibilidad de escoger conscientemente el buen camino, el camino señalado. Según la musa de la historia, los humanos terminaremos andando por el buen sendero en función de dos posibilidades: o por determinación consciente, una vez reconocida y aceptada la Ley; o por la fuerza, equivocándose y sufriendo una y mil veces, para terminar huyendo del error como escapa el niño del fuego que le quema la piel aunque sin entender las características del fuego.

Los ojos de mármol de la musa estaban fijos en el futuro. En ellos vi que, por mucho que hayamos olvidado el sentido de la historia, por mucho que vivamos encerrados en el fondo de la tétrica caverna materialista, por mucho que ensayemos mil y una fórmulas vacías de contenido, el dolor nos llevará inexorablemente a buscar la línea intangible que demarca los ojos de la musa.

La elección —y esto sí es libre albedrío— consiste en tomar buen rumbo cuanto antes y sin dolor, o más tarde pero con el alma desgarrada por el sufrimiento.

Sea como sea, al final del camino, la musa de la historia espera, blanca y firme, con sus ojos serenos de mármol, para tender la mano a los que ayudan a escribir el devenir y no solo contemplarlo, para inspirar por siempre jamás a los valientes y decididos, a los protagonistas de la vida, a los conocedores del principio y el fin de las cosas y, por ende, de este medio que ahora recorremos.

...a Euterpe, la musa por excelencia

Hoy vi a Euterpe, la musa por excelencia, aquella cuyo atributo, el del sonido, hoy es para nosotros música, ciencia de las musas, armonía que resume el conjunto de las artes y de las ciencias.

La vi como suelo ver todas mis extrañas apariciones: rodeada de un halo de prodigio, transformando mágicamente el viento que pasaba por la caña hueca de su flauta. Lo que hasta entonces era aire sin orden ni concierto, era a partir de entonces sonido armonioso y puro, modulado en discurso especial que los humanos llamamos melodía.

Recordé cuánto valor tenía para la musa el saber elegir y combinar los sonidos, el saber disponer tanto del elemento sonoro como del silencio de fondo y soporte. Recordé que, para la musa, el sonido no tiene un valor casual y que no es lo mismo juntar unos que otros, pues de la unión de los sonidos proviene la armonía o la discordancia, según hayamos sabido o no coordinar lo que es conveniente coordinar.

El viejo Platón —tan viejo como la musa—, ya nos explicaba sobre los distintos estados de ánimo que puede provocar la música en el hombre, y sobre lo que él llamaba músicas positivas a diferencia de las negativas. La positiva era aquella que elevaba el corazón del hombre, preparándolo para grandes empresas, haciéndole sentirse fuerte y seguro de sí mismo, activo, feliz, sereno. La negativa, en cambio, alentaba la melancolía, el desánimo, el temor y la inseguridad, el miedo a fracasar, la tendencia a la inercia.

Y, oh paradoja. Hoy que hay tantos y tantos sitios dedicados a la música, nos hallamos en presencia de otros tantos templos profanados, donde no se adora a Euterpe, sino a su negra contraparte.

Si descontamos las excepciones (que por eso son excepciones), veremos que la música de hoy no es arte, no surge de la inspiración. Es un vulgar comercio, donde impera una moda: prostituir al hombre, degradarlo en sus gustos, anular sus más mínimas posibilidades de despertar. Y por consiguiente, hay que seguir la moda: cuanto más pagan mejor, y la moda es un artículo caro.

Los sonidos se unen en ritmos discordantes que sugieren al cuerpo distorsiones en lugar de danza. La armonía se pierde en saltos simiescos, y la voz humana se confunde con estertores de bestias moribundas. La flauta de Euterpe... pobre flauta... ya no alcanza para expresar tanto desastre. Ha sido sustituida por exóticos instrumentos donde es mil veces mejor el viento que entra por una punta que la melodía que sale por la otra.

Pero, como no hay otra música para escuchar, esta es la que se escucha, y la que termina por gustar en esta ausencia total de belleza y armonía. Especialmente la juventud se adormece en sones melancólicos, instintivos, sensuales e incitantes. Todo es bueno, con tal de que los jóvenes malgasten sus lógicas energías... Si creciesen sanamente... ¡cuántas mentiras, cuánto dolor, cuánta miseria no se evitarían...! Pero Euterpe no cabe en este mundo. Ha sido desterrada, al punto de que mi humilde visión terminó por esfumarse al compás de golpes y ruidos lejanos que hasta mí –y hasta ella también– llegaban desde una «casa de música».

Se fue Euterpe, enredada en sus velos y en sus melodías, soplando prodigios en su flauta, remontando vuelo con su ritmo.

Y al irse me dejó otro misterio. Su flauta es hueca... el viento corre por ella porque la flauta lo deja correr; tan solo lo recoge, lo modula y nuevamente lo deja salir transformado en música para los oídos... Euterpe es hueca, es pura y limpia como los primeros rayos del sol en la mañana; por eso caben en ella la belleza y la armonía... Y nosotros, ¿qué somos nosotros? Pobres cañas taponadas por el barro del tiempo, recubiertas por el musgo de las pasiones, inutilizadas por el óxido de la fallida voluntad...

Hace falta al hombre, como alguna vez lo enseñó Euterpe, limpiarse y abrirse por dentro, ejerciendo una fuerza suprema sobre la base de otra fuerza ideal. Y entonces sonará el instrumento; entonces el mundo sabrá cuál es la armonía todavía oculta que resulta del hecho de ser Hombre.

Por este, tu mensaje, gracias, Euterpe. Y por dejarte ver, la promesa de no borrarte ya jamás de mi horizonte.

...a Talía, la musa de la comedia

Hoy vi a Talía, la musa de la comedia... Su rostro esbozaba apenas una sonrisa y creí por un instante que se reía de mí, de todos nosotros, de nuestra vida y nuestras preocupaciones, tan extrañas al fino espíritu de la musa.

Sensibilizada al máximo por las complicaciones de las circunstancias diarias, intenté rechazar la visión. Quise borrar esa imagen riente y graciosa, pues pensé que no son estos momentos de alegría y comedia, sino de llanto y drama. Pero poco duró mi rechazo, pues la musa tenía, entre sus muchos dones, la posibilidad de inculcar un poco de comprensión.

Entonces la vi y comprendí que si «desdramatizamos» nuestra propia existencia, logramos un ambiente de comedia, donde todo lo que sucede puede observarse «desde afuera», llegando a provocar en nosotros mismos una sonrisa de ironía y compasión ante todo lo que nos mantiene sumergidos.

Recordé mis viejos tiempos infantiles, cuando suponía que desde que me levantaba hasta que me acostaba, tenía que representar un buen papel, cuidando gestos y palabras, pues todos se veían agrandados en el escenario en que estaba actuando. Suponía que toda esta representación acabaría algún día, cuando por fin se cerrase el telón, y junto con los pesados cortinajes yo pudiese también cerrar los ojos y dormir «de verdad», fuera del escenario. Entonces, de pequeña, sin quererlo ni advertirlo, estaba muy cerca de Talía, más que ahora en que tuve que verla para poder comprender algo de su misterio.

Sí: la vida es una gran comedia. Y ni siquiera podemos asegurar que nuestros papeles son libres y cambiables. Un repaso desapasionado de la historia nos permite ver una buena dosis de inexorabilidad en la mayoría de los hechos importantes, como si hilos invisibles moviesen este conjunto, llevándolo de grado o por fuerza a la culminación de la representación. En la época de mi musa, esos hilos invisibles se llamaban «destino», y los hombres sabios se preocupaban grandemente por conocer sus movimientos...

Sí: la vida es una comedia. Todos llevamos, como Talía, una máscara grotesca, que ni ríe ni llora, aunque según como se mire, esboza lo uno o lo otro. Todos nos ocultamos detrás de esa máscara que, en lugar de expresar nuestros estados de ánimo, los oculta cuidadosamente, ya que nadie (ni siquiera nosotros mismos) debe saber qué nos pasa por dentro de verdad. Todos jugamos a la gran comedia, esperando suplir con escenarios y estudiadas posturas, la madurez y la seguridad interior que no hemos sabido adquirir.

Pero esta comedia de la antigua musa, no es un medio para reír y olvidar; no es una fórmula de irresponsabilidad; ni siquiera es una distracción. La comedia es una Escuela de Vida, y los que representamos papeles en ella —todos— debemos extraer enseñanzas positivas que nos lleven paulatinamente del escenario, y las máscaras materiales, a la realidad profunda y escondida del alma que experimenta en los teatros de la existencia.

Debemos «vernos desde afuera», como espectadores de nosotros mismos, y llegar a sonreír de nuestros errores, llegar a compadecer nuestras múltiples equivocaciones, llegar a esbozar la terrible mueca de desagrado e ironía que supone el reconocernos mientras actuamos. Entonces comprenderemos el valor de la comedia y la sonrisa. Entonces sabremos que, dentro y fuera del escenario, lo importante es ser buenos actores y buenos espectadores, buenos seres humanos, con conciencia de nuestras realidades y dispuestos a mejorarlas poniendo en juego las máximas potencias de las que estamos dotados.

Talía sonríe y enseña... Ella lleva la máscara en la mano... Ella ha podido descubrir su verdadero rostro y la armonía de sus facciones... Ella ha salido del juego de las representaciones y nos invita a seguirla por la escarpada senda de la superación individual: con una triste sonrisa y una lágrima de alegría.

...a Melpómene, la musa de la tragedia

Hoy vi a Melpómene, la musa de la tragedia, la inspiradora de artistas a todo lo largo de la historia, la amada y la temida, la imagen acusadora de la vida.

La vi como siempre nos la han pintado, con su larga túnica cayendo a sus pies, con su rostro severo e impasible, con su cetro, su puñal y la máscara trágica en la mano. El cetro hacía de ella la reina absoluta de la existencia, la dueña de los destinos, la que, en mayor o menor grado, tiñe todos los acontecimientos de la vida. La máscara, terrible en su rictus, recordaba las innumerables veces en que todos los humanos hemos contraído nuestros propios rostros, dirigidos por el dolor; había en esa máscara una extraña conjunción, donde se sumaban todos los ojos, todas las miradas, todas las expresiones de todos los hombres... Y la conjunción hablaba, como siempre, de dolor... Y el puñal... era al menos la promesa de poder acabar con las sombras, con las mentiras y el sufrimiento obligado; en manos de Melpómene, el puñal era más dulce y prometedor que la máscara y el cetro de trágica poderosa.

Pero las visiones de este mundo son inestables, y se empañan como espejos de mala calidad... La propia vida, la esencia misma de Melpómene, nos hace perder claridad en las imágenes. Y así fue cómo mi primera visión de la musa se fue transformando, hasta centrarse por completo en la prodigiosa máscara que llevaba en la mano.

Los antiguos hubiesen hablado de magia, yo hablo apenas de lo que vi. Lo cierto es que la máscara adquirió movimiento ante mis ojos, y dejó de ser la vacía cobertura que conjugaba a todos los hombres. Fue, de pronto, un rostro más entre los rostros, animado de vida, y circulando entre los muchos rostros que circulan por las muchas calles de una nutrida ciudad.

Pero era esta máscara un rostro inquisitivo; sus ojos en verdad nunca dejaban de parecer vacíos y hondos, y desde esa hondura preguntaban sin hablar: ¿por qué? Y todos los hombres bajaban la mirada, y todos los caminantes se volvían hacia otros sitios, con tal de no tropezar con los mudos ojos de la muda pregunta, porque cada uno de los humanos se sentía incapaz de contestar al por qué. Su boca (la de la máscara) mostraba una sonrisa trágica, ya que de otro modo no hubiese podido ser; y esa sonrisa era una burla para cada ser, una burla de sí mismo, de su incapacidad, de sus sueños irrealizados, de sus temores y de sus dudas... Y todos se volvían para evitar la sonrisa, sin poder evitarla, porque desde entonces, todos empezaron a sonreír de la misma forma en el fondo del alma...

Esperé, como siempre espero, que la visión de Melpómene se fuese alejando, entre peplos y extraños sonidos del pasado. Y la espera no resultó vana. Melpómene se desvaneció entre las brumas de su mundo celestial, pero me dejó una imagen que ya no se borra más... Me dejó la máscara viva, la Tragedia de la Vida.

Hoy vi a la musa de la tragedia, pero de hoy en adelante no podré dejar de ver la constante tragedia de la existencia. Hoy vi a Melpómene y comprendí que su imagen no es más que la concretización de las muchas vicisitudes que nos toca vivir. Hoy sé que su máscara no es adorno, no es un simple atributo. Su máscara es un espejo donde se reflejan los rostros contorsionados por la tragedia, máscara que acusa porque muestra exactamente lo que somos... Y hoy sé que hay una sola vía para que el rostro de la humanidad cambie de expresión: desentrañar el misterio de la vida y su tragedia, variar la duda por la certeza de la fe, y el dolor de la ignorancia por la sonrisa de la sabiduría.

...a la musa de la danza

Hoy vi a la musa de la danza. Terpsícore la llamaban los griegos, y hasta su nombre tiene un no sé qué de ritmo y armonía...

Pero es un nombre que ya nadie pronuncia, y es un arte que ya no se practica. Mientras el mundo presenta señales de corrupción en todos los niveles, también los bastardos del movimiento y la cadencia han usurpado el trono de la musa, disfrazando de danza a la torpeza de la bestialidad instintiva en acción.

Terpsícore no fue una invención de los viejos griegos; la danza no fue una diversión o pasatiempo. Musa y danza fueron el resultado de una meditada observación de la naturaleza, donde todo se mueve rítmicamente, describiendo figuras y marcando leyes.

Para comprender el espíritu de la danza basta con sumergirse entre las hojas de un frondoso árbol, y sentir cómo el viento las mueve... Sin desprenderse de su tallo, las hojas danzan y cantan, ofreciendo una sinfonía en verde que encanta los ojos y los oídos. Basta con sentarse un momento frente al mar, y dejarse llevar por el ritmo inexorable con que las olas baten estéticamente las orillas. Basta con ver volar un pájaro, o aun caer una hoja danzando cuando el otoño señala su hora... Basta con ver correr las nubes, que bailan por el cielo, asumiendo mil formas fantásticas. Basta, en fin, con saber leer en ese libro abierto que a diario nos ofrece la vida, pero del que solo apreciamos —y de vez en cuando— apenas las cubiertas exteriores.

Pero cuando no hay ojos para ver, tampoco hay cuerpo para danzar. Solo queda un trozo de materia (al que llamamos cuerpo) que se agita y se retuerce, más bien presa de alguna suerte de convulsión patológica que no de una estética rítmica. Solo queda un ser instintivo que busca sin disimulo su satisfacción, antes que una ansiedad espiritual de belleza.

Cuando no hay ojos para ver, tampoco hay sonidos para hacer música... Si los sonidos siguiesen el orden y la conjugación, producirían en el cuerpo una respuesta conjugada y ordenada; pero la música es disonante, es chillona, es violenta, cuando no es traidoramente dulzona y solapadamente tierna, mientras palabras y letras se tornan en invitaciones a la degeneración sexual de moda o al sistema político en boga.

Todo es pretexto y disimulo, mientras la verdadera consigna se mantiene oculta, señalando la muerte de la danza: es la consigna del triunfo de la materia, la promesa de una falsa libertad que nunca se conquista por la sencilla razón de que no existe en los mundos en que se pretende alcanzarla. Es un «haz lo que quieras, mientras sea lo que yo quiero». Es un «muévete libremente» mientras sigas la moda impuesta. Es ver bonito lo que asquea; es taparse los ojos y girar y saltar locamente, pisoteando el recuerdo de la venerable musa del ritmo y la armonía.

En medio de tanta falsedad, en medio de tanta palabra sin sentido, en medio de jóvenes que ya lejos de saber danzar, han olvidado aun la gracia propia del caminar, en medio de brincos y cuerpos abandonados, caídos y desgarbados, he clamado por Terpsícore. La he llamado con la añoranza hecha fuerza que radica en el fondo del alma, más allá de mil apariencias contradictorias.

Y ella vino a mí. Fue cuando la vi envuelta en sus túnicas, irradiando gracia en cada uno de sus movimientos. Caminaba a través del tiempo, y su andar era una danza, escogía uno a uno sus gestos y estos eran música. Creí que estaba muerta, pero lo bello nunca muere... Creí que nadie advertiría su presencia, pero lo verdadero se impone...

Fue una visión fugaz, en que el tiempo y el espacio pierden su terrible categoría, y en que la moda se agazapa avergonzada ante lo que siempre es, ha sido, y será.

La musa de la danza pasó por un instante entre nosotros, ya nadie conoce su nombre ni nadie recuerda su arte, pero dejó la añoranza impresa en unos pobres cuerpos que, perdidas sus alas, no saben volar ni caminar; solo elevar los ojos ante visiones fugitivas mientras el alma ruega por que se vuelvan realidad.

El alma sí sabe danzar; ella vive dentro, en cada uno de nosotros, más o menos prisionera de las rejas que le hayamos querido poner. Cuando el alma vibra, los griegos la llamaban Terpsícore, nombre de gracia y armonía; cuando en nosotros llora, ¿cómo la habremos de llamar?

...a otra de las musas

Hoy vi a otra de las musas, generosas criaturas que bajan de tanto en tanto al árido mundo de los humanos para volcar una gota de su eterna inspiración. Y en medio de este extraño mundo en que vivimos, en medio de este mundo seco y torturado, vi ante mí a la dulce Erato, reina de la poesía, genio de la lírica, fuente del amor...

Cediendo al impulso primero, vi de ella su apariencia y, como siempre me ha sucedido, quedé absorta en su presencia, tratando de buscar un poco más allá el contenido interno de los muchos símbolos que la adornaban. Vi su sencillez, su modestia y delicadeza, vi su cabeza coronada de rosas; vi los pliegues de su manto que eran en su caída un canto de armonía; vi su lira y su flecha, y al pequeño Eros rondando a sus pies, buscando él también —aunque pequeño dios— el apoyo de la musa para mejor impactar en los hombres.

Y tras la visión vino el ensueño... ensueño que agranda la enorme diferencia entre el ámbito que vio nacer la musa y este otro ámbito que hoy nos rodea. Aparentemente nada hay más dispar que aquellos viejos años heroicos y apasionados y estos otros cobardes y malvados; entre aquellas épocas de poemas y finos sentimientos y estas otras de ruido e instinto. Y los que hoy anhelan lo bueno y lo justo, aquello que debe vivir en el fondo de todo ser humano, cargan además con el dolor que supone tener que esconderlo, disimularlo, callarlo o llorar a solas, pues la «moda» no permite esas «debilidades».

Así, entre oleadas de dolor vino el ensueño... Escuché versos de maravilla en medio de un suave ritmo, con viejas palabras olvidadas, tan simples y tan puras que no tienen ningún sentido si no van cargadas de sentimientos afines. Escuché los sones líricos que reúnen toda la naturaleza en un solo canto a la belleza. La lira de la musa se expresaba en tenues melodías para acompañar aquellos viejos poemas de amor.

Entonces vi cobrar vida al pequeño Eros. El tierno diosecillo clavaba sus ojos traviesos en la flecha que la musa llevaba en la mano, y todo adquiría un color más profundo, más intenso.

Comprendí —una vez más— que Erato canta a un amor sublime, que escapa por completo de nuestro tiempo y espacio. Supe que la musa ya no vive entre nosotros, porque son muy pocos los hombres que quieren saber de este amor sin límites que apenas si se apoya en el cuerpo, para elevarse hasta estratos sutiles donde se encuentra la raíz misma de la vida. Añoré con fuerza aquellas oleadas cadenciosas donde la poesía toma el mismo ritmo que el fluir de la sangre, donde las palabras bullen como las aguas del mar, y donde el sentimiento es matriz de visiones celestiales.

Bella y casta Erato: tu lirismo no ha muerto con el tiempo; tu antiguo mito no es la mentira que hoy nos cuentan. Tu existencia es tan real como la imperiosa necesidad que los hombres sienten de aquello que tú representas. Pero, como a tus otras hermanas, nadie te comprende por miedo a comprenderte; nadie te sigue por el inmenso trabajo que significa despegarse del barro. Hay miedo a volar como tú, a cantar como tú y a sentir como tú, porque todo ello equivaldría a vivir con el alma limpia, abierta y al desnudo. Por eso hoy se desnudan los cuerpos y se cubren las almas de sucios harapos... Por eso ha muerto la poesía, por eso mueren poco a poco las palabras amorosas y por eso el gesto de dulzura de tu reino ha sido reemplazado por el golpe y la ironía...

Pero yo te he visto y sé que existes... Aunque tu visión sea fugaz, he estado contigo un instante y desde mi humilde condición de mortal hago a partir de ahora el esfuerzo necesario para perpetuar tu gloria y tu belleza. Déjame cantar por ti; déjame usar la lira e inspira mis voces; cúbreme con tu ternura y haz que lo que hoy digo —lo que hoy vi— sea realidad para todos los que, mudos y desesperados, sueñan contigo sin saberlo.

...a Polimnia

Hoy vi a Polimnia, la musa, grave y recatada, modulando himnos en viejas lenguas que nuestros oídos no alcanzan a comprender.

En medio del desierto de la vida diaria, fue una bendición reconfortante el percibir esos extraños y rítmicos sonidos que traían recuerdos de orden y paz.

Los griegos la llamaban Polimnia... la de los muchos himnos, la del canto sagrado, la de las danzas rituales en honor a los dioses... Los griegos la hicieron bella y discreta, velaron sus rasgos pudorosos y abrieron en cambio los corazones para escuchar la melodía inagotable de la fe convertida en música.

Los griegos de Polimnia supieron de la fortaleza de un himno, de la tranquilidad espiritual de un sentimiento religioso, y habiéndola dejado cantar entre los hombres, un buen día la llevaron al cielo de los inmortales para que deleitase a los dioses, creyendo que en la Tierra la lección ya había sido aprendida...

Pero nada más lejos de los hombres que la musa del ritmo religioso. Apenas sabemos qué es el ritmo. La religión se ha confinado en pocos reductos y la vulgaridad obscena ha ganado sus altares. ¿Cantos, danzas? La poesía está a punto de morir; solo se canta al polvo que barre los caminos; solo se danza el desmoronamiento de un cuerpo humano que sabe de debilidades, temores y muerte... ¿Himnos? ¿Para qué...? ¿A quién elevar estrofas de agradecimiento y esperanzas? ¿En nombre de qué se trata de robustecer el ánimo y el carácter? ¿Quién sueña con marchar con paso firme hacia las estrellas?

¿Quién busca girar en el espacio en figuras espiraladas que lleven al trono de Polimnia?

Pobre musa que has bajado a la Tierra, y has asumido fugaces visiones a los ojos de los hombres desvalidos... Hemos de aprovechar tu aparición, y retomar los ritos de mística y belleza...

Estamos en el mes de mayo, el mes de la Virgen, de las flores que se abren ante los renovados rayos del sol; es el mes del perfume y las brisas cálidas que presagian la Vida Eterna, más allá de las sombras del invierno. En este mes de mayo, pues, intentaremos recobrar la discreta dulzura de tus velos, y el recato de tu mirada limpia que solo sabe de ángeles y dioses.

En este mes de mayo intentaremos armonizar nuestras voces para entonar viejas canciones que hablan del hombre y su camino ascendente; saludemos nuestros cuerpos con la armonía y el ritmo de la danza.

En este mes de mayo comenzaremos a cuidar nuestras palabras, nuestros gestos, multiplicaremos nuestras sonrisas y moderaremos nuestros impulsos, en un intento de convertir en actitud sagrada cada uno de nuestros movimientos.

En este mes de mayo, tu nombre, Polimnia, será nueva promesa de pureza y fertilidad. Te veremos en las flores y en las nubes, en los niños y en los pájaros, y habremos aprendido el arte de tus viejos himnos. Habremos aprendido aquel perdido lenguaje que entienden los dioses y que los hombres hemos olvidado desde que hemos abandonado la oración.

Oración, rezo, canto, danza de severos pasos; ritmo, himno, alegría; primavera, fe y esperanza. Todo esto he visto, porque hoy vi a Polimnia.

...a Urania, la musa de los astros

Hoy vi a Urania, la musa de los astros, la Celeste, a la que para verla basta solo con alzar los ojos. Pero hoy es muy difícil poder levantar los ojos...

Hoy estamos lejos de las musas, cegados para la inspiración superior, porque hemos aprendido a besar las sogas y cadenas que nos atan más y más a la tierra. Es por eso por lo que vamos olvidando que hay cielo, que las estrellas brillan a pesar de nuestro ofuscamiento, y que las leyes sagradas que rigen el universo siguen su curso inexorable aunque los hombres pretendan haber abolido el orden matemático con simples decretos de papel.

Hoy vi a Urania, y la vi portando en sus manos ese universo movido por leyes, ese universo amplio y fantástico donde la armonía se expresa a través del número, del movimiento, de los ciclos y de la vida que siempre continúa. La vi azul, purísima, rodeada de astros brillantes, mostrando desde su mundo sideral los hilos sutiles con que están unidas todas las cosas existentes.

Lejos de las abstracciones a que nos ha acostumbrado la ciencia, vi que los astros son seres pletóricos de vida, que desarrollan su experiencia fijados a sus cuerpos de luz, tal como los humanos necesitamos de nuestro cuerpo para aprender y para comunicarnos. Vi cómo el giro de los astros se asemeja al constante rotar de los hombres, cuando van de un punto a otro de sus ciudades para cumplir con sus vidas diarias. Vi cómo el aparecer y desaparecer de los astros coincide con lo que nosotros llamamos sueño y vigilia. Vi cómo ellos buscan a su sol central y giran a su alrededor, tal como el humano se dirige hacia Dios en constante búsqueda de perfección.

Vi y comprendí el profundo conocimiento de los antiguos cuando, sabiendo del comportamiento de cada astro cual ser vivo, lo asociaban con distintas deidades, uniendo símbolos y significados en un intento de síntesis que ayudase al hombre a sentirse parte del universo.

Viendo a Urania, sentí el empuje de los caminos paralelos, que hacen que hombres y estrellas circulen hacia el mismo destino, cada uno según sus posibilidades. Nosotros, opacos; ellas, brillantes; pero de la misma esencia en el fondo. Nosotros solos y desesperados; ellas, acompañadas de Urania, a la que siguen marcando el paso de sus ondas matemáticas. Nosotros abajo; ellas arriba pero haciendo unos y otros un esfuerzo para lograr el encuentro: ellas enviando sus eternos efluvios, y nosotros aprendiendo a levantar los ojos hacia sus señaladas presencias en el cielo nocturno.

Cuando se apague el sol del día, cuando mengüen las preocupaciones y los afanes que te han atrapado hasta ese momento, eleva, amigo lector, tus ojos hacia la noche. No dejes que las nubes oscuras te engañen: detrás de ellas verás brillar el manto de Urania, plagado de luces que laten con el mismo ritmo que tu corazón.

Busca a Urania y verás que no estás solo; que el universo que ella te presenta es infinito y que, más allá de los dolores humanos, hay una promesa de grandiosa eternidad, en un mundo donde vibran los astros hermanos, aquellos que habiendo dado un paso más en el Camino de la Vida, han aprendido a transmutar lo oscuro en luminoso, lo efímero en duradero. ¿La ves? Por lo mismo que has levantado tus ojos, ella ha bajado los suyos hacia ti y te señala con una estrella de brillo superior... tu propia estrella.

...a Calíope

Hoy vi a Calíope... Los antiguos la llamaban la musa de la poesía épica, y buena razón tenían para ello. Porque hasta su nombre conserva el ritmo oculto de los briosos corceles, portando a lomos notables caballeros.

Nada mejor que dejar aparecer, de tanto en tanto, estas misteriosas y lejanas imágenes del pasado. Estas visiones hacen de espejos que nos permiten comparar los reflejos de mundos idos y las luces del actual. Aunque miles de veces he intentado repetirme que no ha de ser forzosamente cierto aquello de que «todo tiempo pasado fue mejor», no logro encontrar una buena justificación para ello.

He salido por las calles. He hablado con la gente. He abierto páginas y páginas de libros, y no encontré a Calíope por ninguna parte en el día de hoy. He pensado que, es posible, exista otra Calíope, desapercibida para mis ojos bajo modernos ropajes. Pero tampoco encontré ese viejo ritmo de corceles y caballeros bajo las formas actuales.

Fue entonces cuando levanté los ojos, y entre las nubes coloreadas de la imaginación vi a Calíope. Su rostro sereno y firme lleva la expresión de la fuerza guerrera, la gallardía de la seguridad interior, la transparencia de un alma iluminada por el valor. Su voz... emite el sonido de broncíneas trompetas, cantando al paso de los héroes. Sus ojos son soles radiantes, donde fulgura el brillo de todas las espadas, de todos los escudos, de todos los cascos de quienes dieron su vida por un ideal.

Su túnica flota al viento, removida por los aires que producen las cabalgaduras de los paladines de la justicia, por los que recorren el mundo tratando de imponer la luz sobre la oscuridad.

Sus formas se hicieron del todo polifacéticas. De pronto vi en ella a las mismas valkirias rescatando a los guerreros de entre los campos de batalla. La vi en forma de barquero emitiendo suaves y mágicos sonidos al ritmo de sus remos, mientras transportaba las almas victoriosas a través de la Estigia. La vi como ángel poderoso llamando con sus sones poéticos a todos los seres dormidos en el marasmo de la materia.

Ah, los viejos caballeros... Tal vez es cierto que tuvieran también sus defectos; pero quedan tan a lo lejos en el tiempo... Tal vez es cierto que sentían y pensaban casi como los hombres de hoy... Pero había en aquellos algo diferente: un chispazo de belleza, una gota de armonía, una dosis de nobleza, un mucho, de coraje y gallardía, un tanto de ambición y poderío y una infinita capacidad de sacrificio. Por eso los viejos caballeros tuvieron una musa que cantaba para ellos desde el cielo, mientras que hoy solo crujen las piedras del camino al paso de un hombre triste y abúlico, consumidor y consumido, falto de imaginación, de poesía, de arrojo y de valentía.

Hoy vi a Calíope, pero más que verla pude escucharla. Pude oír el ritmo vibrante de su poema hecho vida. Pude sentir su energía poderosa recorriéndome por entero, invitando a salir fuera de la triste cárcel del tiempo, para enfrentar caballerescamente los peligros de la vida.

Ya no fue triste para mí la falta de poesía; ya no me dolió la rima imbécil de las más feas palabras. Ya no me pareció cansado el cotidiano recorrido de la existencia. Calíope estaba allí, cantando voces de victoria, sublimes voces de impulso espiritual.

¡Cuán mal había visto en principio! Creí que era mi imaginación la que había dibujado los finos trazos de la musa; pero, sin embargo, ella estaba allí, más esplendorosa que mi pobre imagen, más fuerte que mis palabras, más augusta que todos los hombres juntos, rimando con su voz de clarines el triunfo divino de quienes, por honor, supieron cabalgar en alas del destino inexorable.

Oídla: sigue llamando a los hombres... Su rima es infinita como el tiempo... Canta a la virtud y a la belleza... ¿Quién hay que me quiera acompañar hasta su reino?

...el mundo desde arriba

Hoy vi el mundo desde arriba... Sí, desde lo alto, viajando en un avión, el mundo ofrece curiosas imágenes que el contacto diario y chato llega a borrar de nuestros ojos.

Lo que es grande e importante pierde dimensión si bien se lo mira desde lo alto. Las calles inacabables, difíciles de recorrer a pie, y aún más difíciles de salvar con un automóvil, se convierten en graciosas cuadrículas que podrían ser cubiertas con la palma de la mano. Los ríos son apenas hilos luminosos que serpentean sobre la tierra. Los montes son suaves elevaciones que, contrariamente a lo que sucede abajo, nos dejan ver su comienzo y su fin. Solo el mar, el gran océano, guarda la misma impresionante inmensidad con que nos sobrecoge cuando tenemos los pies sobre el suelo. El mar, pues, debe de ser de aquellas cosas primeras, cuya naturaleza no varía según el ángulo de observación.

¿Qué son los hombres cuando se ve el mundo desde arriba? Rápidamente nos asalta la imagen literaria de las diminutas hormigas... pero no son ni siquiera eso... Son tan pequeños los hombres que no se les alcanza a ver. Un tren recorre la llanura, un minúsculo gusanillo que se desliza llevando muchos hombres en su interior; un automóvil hace desesperados esfuerzos por desarrollar algo de velocidad, pero resulta casi inmóvil comparado con la rapidez del pájaro de fuego que nos transporta.

Nuestro avión se eleva más y más. Ya no vemos tampoco las ciudades en miniatura, ni los campos dibujados como retazos multicolores, ni los ríos ni los montes. Ahora navegamos raudamente sobre un blanco colchón de nubes que nos impide toda visión del mundo terrestre. Por un instante sentimos miedo, el miedo de haber perdido ese apoyo que se nos antoja indispensable. Los suaves balanceos de nuestro pájaro de fuego nos vuelve más patente la sensación de carecer de apoyo, de «estar en el aire»... Pero terminamos por acostumbrarnos a nuestro nuevo suelo de blancas nubes, espesas y fuertes, altas y orgullosas, y comenzamos a compartir su mundo de cielo y visiones superiores.

Por primera vez observo los astros, los cambios del día a la noche. La caída de la tarde hace aparecer una luna mágica y brillante, enorme y misteriosa en ese cielo sin manchas. Las estrellas crecen en tamaño y parece por momentos que puedo alcanzarlas con la mano. Es tanta la fascinación que ya no me importa no estar en mi mundo de tierra de todos los días. La noche no es negra del todo: conserva una extraña luminosidad que nos incita a seguir siempre adelante. Y cuando acaba la noche... entonces sí cabe la palabra prodigio para expresar la salida de un sol grandioso, rojo fulgurante que inunda el espacio entero con su gloria. Ha nacido un nuevo día, esta vez lejos de la tierra, viendo el mundo desde arriba.

Sí, hoy vi el mundo desde arriba, y recojo la lección. Guardo para mi memoria interior el recuerdo de que las cosas empequeñecen cuando se las observa desde lo alto. Comprendo que, sin subir a un avión, es posible mirar el mundo desde arriba, restando importancia a los problemas que son gigantes tan solo cuando se comparte el suelo con ellos.

Desde abajo, todo es difícil, todo es agobiante. Abajo, las cosas pesan y duelen y no pueden conocerse en su verdadera forma. A la altura de los ojos, hasta el más insignificante objeto puede volverse monstruoso.

Desde arriba cobramos nuestra real altura. Con los ojos del alma podemos volar tanto o más que el más poderoso de los aviones. Dentro de nosotros también llevamos un pájaro de fuego que es capaz de escalar posiciones y mostrarnos la minucia de nuestras preocupaciones. Dentro del alma hay cielo, sol, luna y estrellas y una noche suave, nunca del todo oscura, con la luminosidad de una promesa que se hará amanecer apenas aprendamos a desplegar nuestras alas.

Caminar, transitar, recorrer rutas: eso es de hombres. Volar, llegar arriba, ver claramente la pequeñez de la propia forma: eso es casi de superhombres. A mí me ayudó un avión, pero tú, lector, puedes coger el pájaro de fuego que es el ojo que encabeza estas páginas, y vuela con él, mira el mundo desde arriba.

...cosas que no siempre se pueden captar con los ojos del rostro

Hoy vi cosas que no siempre se pueden captar con los ojos del rostro. Hay visiones claras y profundas que parecen enfocarse mucho más allá del límite del cuerpo. Por eso, hoy vi, hoy «sentí» que hay sitios en la Tierra donde los dioses no han muerto.

No es mi intención entablar polémica entre la concepción teológica de un Dios o muchos dioses. Tampoco quiero discutir sobre si Dios puede o no morir, o sobre si los hombres son o no capaces de matarlo, o sobre si siempre o nunca ha existido. Quiero, en cambio, hablar de otra cosa.

El estudio de la historia nos pone en contacto con muchas civilizaciones para las que el factor religioso ha sido esencial, y no porque lo digan ahora los libros, sino porque lo dijeron aquellos mismos hombres en las obras que dejaron plasmadas: templos, caminos sagrados, estatuas, exvotos, joyas y vasijas que encierran siempre un significado trascendente. Es como si Dios (o los dioses en la infinita capacidad de multiplicación divina) hubiese estado presente en cada uno de los gestos de aquellos hombres. Y como si Dios se hubiese infiltrado misteriosamente en aquellos puntos de la Tierra donde tanto se le amó y se le respetó.

Desde remotos tiempos, los sabios y entendidos han buscado «sitios señalados» para erigir sus templos, tratando de localizar aquellas zonas en que las fuerzas de la tierra y las del cielo se conjugan en apretada síntesis. De esta forma, sobre viejos santuarios volvieron a levantarse otros más nuevos; sobre viejos nombres se volvió a implorar a Dios con otros sonidos; y sobre la vieja magia se instaló hoy una atracción misteriosa que apenas sabemos llamar «encanto», «influjo», «atracción»...

Lo cierto es que estos puntos de la Tierra existen, y lo cierto también es que los hombres con sensibilidad no pueden resistirse a las especiales energías que manan de estos sitios... como si los dioses no hubiesen muerto... como si la historia se hubiese detenido allí... como si lo eterno hubiese tomado posesión de otros tantos puntos eternos de nuestro planeta.

Es entonces cuando se produce el milagro. Las piedras dejan de ser objetos pesados y toscos, casi sin vida, para convertirse en seres parlantes y expresivos. Las ruinas pierden su vetustez y recobran su majestuosidad y entereza ante los ojos que la miran con interés. El aire y el viento traen lejanos perfumes, voces extrañas que nos hablan en un lenguaje fuera del tiempo y del espacio. Todo se comprende fácil y rápidamente. Todo está como estaba entonces... y estamos nosotros también, entonces y ahora.

Recuerdos, tradición, mitos, leyendas... son pobres palabras ante una realidad que de pronto se hace fuerte y palpable. En ese instante sentimos que, si viviésemos allí, o si hubiésemos vivido allí, habríamos repetido los mismos gestos, elevado las mismas imágenes y orado en idénticas expresiones. Ahora sabemos que no somos ni turistas ni paseantes, que no hemos dado un paso casual en nuestro recorrido, sino que tomamos contacto con lo eterno y misterioso, con lo que sobrevive más allá de los límites con que los humanos hemos encuadrado la historia.

Allí donde los dioses no han muerto, las cosas se nos muestran con otro color, y la misma gente aparece de otra manera, con más sencillez y profundidad que cuando abandona el sitio del encanto. Allí donde todo es diferente, también nosotros lo somos por un instante.

Y es allí donde aprendemos a soñar, es allí donde nos proponemos bañarnos en esa fuerza extraña que nos domina, impregnarnos de misterio para llevarlo a otros puntos, a tantos lugares oscuros donde hoy los dioses brillan tan poco...

Allí aprendemos la gran verdad: hay sitios de la Tierra donde los dioses no han muerto, y los dioses reviven en cada sitio donde hay un hombre capaz de vibrar ante un poco de luz, un poco de belleza y armonía, un poco de serenidad, un poco de magia y misterio, un poco de eternidad.

...un fenómeno parapsicológico

Hoy vi un fenómeno parapsicológico.

Algo que excede los límites psicológicos conocidos, algo que está «más allá de lo psicológico», como la misma palabra lo indica.

Pero debo aclarar que el fenómeno ha sido doble.

Por un lado, vemos multiplicarse día a día el interés por hechos que superan las explicaciones hasta ahora reconocidas. Y por otro lado, crecen asimismo quienes producen el otro fenómeno: el de la negación automática de todos estos aconteceres parapsicológicos. Y por eso hablé de un doble fenómeno, de una doble manera de superar los límites del conocimiento actual: el del fenómeno producido y evidente, y el fenómeno negado sin más.

Y ambos fenómenos atraen nuestra atención.

Analicemos en primer lugar la existencia de hechos que rebasan las posibilidades aceptadas como lógicas. Es evidente que hay hombres que demuestran poseer poderes especiales, distintos a los demás hombres, y que manejan fuerzas desconocidas asimismo para otros hombres: que hay mentes más lúcidas, memorias más ágiles y pensamientos más penetrantes. Es evidente que la naturaleza guarda infinidad de misterios para nosotros, y que, si bien todos estamos dispuestos a desentrañarlos, hay hombres que lo hacen con más facilidad y con más anterioridad que otros.

Cuando hablamos de estos fenómenos, no nos referimos, por cierto, a ningún aspecto diabólico ni brujeril en el mal sentido de la palabra. Hablamos, por el contrario, de las mil posibilidades de conocimientos que existen para los humanos y que aún no han sido explotadas, sin que ello signifique que no sean verdaderas ni que sean nefastas.

Así, la rica gama de fenómenos que exceden nuestros actuales límites pueden tener igualmente una rica gama de explicaciones que abarcan, desde el fraude o la trampa, hasta un nuevo aspecto de investigación científica futura. Y que conste que la posibilidad de fraude no es rótulo definitivo para negar ningún fenómeno parapsicológico, ya que en todas las actividades humanas existe la mentira y la suplantación dictadas por quienes solo copian malamente lo que son incapaces de realizar concretamente. Un ilusionista que nos convence de que vemos lo que no existe no es más que la constatación de otra realidad: que los hombres intuimos cosas que no vemos, y que, de la misma manera que un teatro o un cinematógrafo nos muestran formas de vida verdaderas e ilusorias al mismo tiempo, un ilusionista nos muestra, en ilusión, lo que en otras condiciones podría llegar a pasar.

Nos toca ahora analizar la otra cuestión, la de la negación *a priori* de todo aquello que no conocemos ni entendemos ni podemos explicar con los medios presentes. Verdadero fenómeno que escapa a una psicología lógica, ya que lo lógico sería investigar antes que negar, probar antes de rechazar. Es esta una postura cómoda y peligrosa al mismo tiempo: cómoda por cuanto se contenta con lo que se tiene, fijando allí mismo los límites del conocimiento, y peligrosa porque cierra el horizonte de la investigación. Vemos en esto los resultados de todas las formas del materialismo, que han impuesto la evidencia sensorial y la medición mecánica como leyes generales, sin darse cuenta de que los sentidos pueden tener más amplio espectro de acción, y que las máquinas de medición modernas serán reemplazadas por otras mejores, tal como siempre se hizo en la historia.

Es cierto que muchos fenómenos no caben dentro de lo que hoy llamamos ciencia. Pero tampoco debemos olvidar que todo lo que hoy llamamos ciencia fue alguna vez un fenómeno extraño que despertó la curiosidad y el afán de estudio de los hombres. Y aun tampoco debemos olvidar que el tiempo es cíclico en su transcurso, y que los aspectos científicos que hoy acaparan nuestra atención fueron ya objeto de conocimiento hace largos siglos, los suficientes como para poderlos olvidar y recomenzar. Tal lo sucedido con la alquimia o la astrología, hoy en el platillo de las investigaciones más modernas, aunque de conocimiento profundo para antiquísimas generaciones de sabios (que no lo fueron menos por ser antiguos).

Del mismo modo, cabe suponer que nuestras preocupaciones espaciales o atómicas se olviden en próximas centurias, invadidas por otros campos del saber. Y a ninguno de nosotros nos agradaría que futuros investigadores, a la hora de recuperar nuestras ciencias, y en sus primeros tanteos, tachasen nuestras generaciones de infantilistas o «mágicas», cual síntoma de imbecilidad.

Hoy cunde en nuestro mundo la investigación de la parapsicología. Ella no es nueva, pues ya muchas civilizaciones han incursionado en sus secretos. Lo nuevo es la necesidad de nuestro hombre del siglo XX, a quien ya no le satisface una simple psicología de laboratorios y mediciones, y busca en el fenómeno extraño la presencia de un Dios que presiente, pero que le ha sido negado y usurpado por la cultura materialista.

Todavía nos falta presenciar el más fantástico de los fenómenos parapsicológicos: el del hombre liberado a pesar de sus cadenas, el del alma que busca su destino a pesar de la capa de materia que la aplasta, el de la verdad siempre renovada surgiendo de entre dudas y mentiras, como ave fénix que encuentra en las cenizas el símbolo de la propia reconstrucción.

...en el teatro del mundo, el mito de la caverna

Hoy vi en el teatro del mundo la puesta en escena de una viejísima e interesante obra: *El mito de la caverna*, que, de pagar derechos de autor, debería referirse al nunca bien ponderado filósofo Platón.

El argumento es simplísimo, pero de tan hondo contenido como simple es. Trata de unos hombres encerrados en una caverna, sentados y encadenados a sus asientos, mientras que a través de un sistema parecido al cinematógrafo, se imprimen en la pared del fondo de la caverna las imágenes de los seres que viven fuera y transitan por delante de la entrada. Así los hombres permanecen en el engaño de tomar las sombras por realidades, desconociendo la existencia verdadera de los seres y objetos del mundo exterior.

Pero de pronto aparece un hombre distinto dentro de la caverna: es el que llevado por la curiosidad en el principio, rompe sus cadenas, trata de caminar y vislumbra con enorme sorpresa ese otro mundo exterior... En un comienzo cree que está soñando, o que está ciego, deslumbrado por la fuerte luz del sol que jamás había visto; pero poco a poco se hace a la nueva circunstancia, conoce la verdad de las cosas, y pleno de sabiduría y ebrio de felicidad, decide retornar a la caverna para salvar del error a sus compañeros. Huelga decir que el final de la representación no entra en los catalogados como «finales felices». En la caverna nadie cree lo que cuenta el viejo compañero que ha regresado y, por el contrario, es vituperado y perseguido...

Para los que fuimos educados en la disciplina de la filosofía viva, es bien clara la distinción entre esclavitud y libertad a partir de este ejemplo platónico. Los esclavos son los hombres encadenados a la caverna, a pesar de sus amagos de liberalidad en cuanto que pueden gritar cuanto quieran sus opiniones, que, por cierto, jamás son tenidas en cuenta. Y el hombre libre es aquel que, llevado por su afán de conocimiento, encuentra las verdades de la vida, del maravilloso funcionamiento orgánico del cosmos, y de la no menor maravilla misteriosa del ser humano, en el juego armónico de las leyes universales. Así, el esclavo se cree libre porque grita «lo que quiere» y el hombre libre se «esclaviza» con gusto a las leyes del universo, que son las suyas propias.

Por lo visto, han pasado los siglos, pero no ha desaparecido la «caverna». Hoy vuelve a funcionar, como ha funcionado siempre que lo han necesitado los ocultos promotores de este engendro, los que nunca se muestran, los que, en cambio, utilizan los rostros, la palabra y la seudoacción de los encadenados irremisiblemente. Hoy se ha impuesto la norma «cavernaria» de la «democracia igual a libertad», como sinónimos forzosos. Y hoy, como siempre que se monta la «caverna», necesitamos del filósofo político que salga a la luz del sol y nos muestre los errores y las falsas sombras.

Se enseña a los hombres de la caverna que ellos son libres y que pueden expresar su opinión. Y los encadenados gritan, rompen, destrozan a gusto su propia caverna, sin pensar en que jamás les dejarán salir de ella, y que por simple economía les convendría mantenerla en orden.

Se enseña a los hombres de la caverna a despreciar los «totalitarismos», pero se olvida enseñar a esos hombres que la misma caverna es un totalitarismo, donde no cabe otra cosa que la forma «liberal y democrática». Indudablemente, la democracia jamás podrá ser totalitaria: jamás podrá obtener la totalidad de las opiniones, pues las opiniones (que no son sabiduría, al decir de Platón), son cambiantes y volubles. Así, también la democracia se transforma en una tiranía, en que la mayoría esclaviza a la minoría, lo cual no sería nada comparado con el hecho real de la «minoría democrática» que esclaviza a una mayoría que está poco educada y propensa al engaño.

Quisiéramos enseñar a los hombres de nuestro mundo, de nuestra actual «caverna», que libertad es conocimiento, que libertad es orden, que libertad es la capacidad de tomar determinaciones responsables que llevan a un fin, que la libertad viene del alma que se reconoce como inmortal y sabe que su destino tiene otra amplitud que las simples peripecias de la vida física. Que libertad no es tan solo «derecho al pataleo», que no es poder gritar fuerte, o apalear, o robar, o matar, o destrozar, por el simple gusto del daño; que la libertad no es despreciar los «uniformes» para uniformarse con ropas sucias o raídas que, de todos modos, encierran los tan odiados símbolos; que libertad no es vivir y procrear como los animales, ya que por algo los hombres tenemos más raciocinio (?) que las pobres bestias; que la libertad no es ocio perpetuo, porque los ociosos pueden serlo gracias a los que trabajan... ¿o es que la nueva libertad querrá también nuevos esclavos?

Quisiéramos enseñar a los hombres de nuestra «caverna» del siglo XX, que todas las palabras se desgastan por los que mal las usan (o por los que quieren desgastarlas). Y así como hoy es mal visto hablar de totalitarismo, lo será dentro de un tiempo el hacerlo de libertad y democracia, como desde siempre lo demuestran los ciclos de la historia. Y valga el pequeño esfuerzo de nuestra parte de recordar que, si la caverna del ejemplo de Platón hubiese sido totalitaria, en el correcto sentido de esa expresión, muy distinto hubiese sido el final del relato. La totalidad se logra cuando TODOS arriban a la cúspide de la Verdad y para llegar a la Verdad, más vale la indicación de un solo sabio que la vociferación de mil ignorantes.

Así pues, que no hablen de luz y libertad los que solo saben montar cavernas: que nos hablen de oscuridad y cadenas y entonces nos convencerán de que, al menos, han empezado a decir la verdad.

...detenerse la historia por un instante

Hoy vi detenerse la historia por un instante... Fue cuando dejó de marcar las horas un viejo reloj de aún más vieja tradición: el Big Ben. Dicen los que entienden de corazones de relojes, que el Big Ben está «cansado», que sus metales ya no resisten.

Es verdad que miles de relojes se paran al día, y dejan de funcionar por siempre. Pero este es un reloj diferente: es el prototipo del reloj, el símbolo del tiempo, una señal en la historia, como decíamos al principio.

Me ha hecho pensar este reloj cansado, viejo pero noble, gastado a fuerza de latir millones de minutos. Me ha hecho pensar en que probablemente pase desapercibido a nuestros ojos el detenerse momentáneo del ritmo vital, antes de los grandes cambios, antes de los goznes históricos que presagian tiempos diferentes.

El corazón —reloj interno del hombre— es el fiel compañero de una vida, y cuando el corazón se detiene, cuando acaba la vida, todos sentimos un ramalazo de tristeza, tal vez de nostalgia por aquello que se va, y que, aunque volviese, ya nunca sería igual. Un reloj histórico es fiel compañero de un ciclo de la humanidad, y cuando ese reloj se detiene, nos llena la nostalgia confirmada de que hay algo que se va, de que vendrá algo nuevo, pero ni lo nuevo que viene ni tampoco nosotros seremos los mismos.

Si bien es cierto que el filosofar torna un tanto tristes a los seres, también es cierto que debe entenderse esa tristeza como un homenaje a todo lo que ha sido peldaño de apoyo a la existencia. Hoy en que todo son loas a los cambios; hoy en que la renovación total es invitada predilecta en todos los ambientes; hoy en que recordar y añorar es «cosa de viejos», un joven filósofo quiere recordar y enaltecer todas las cosas de antaño gracias a las cuales podemos ser nuevos día a día.

¿Concebiría alguien una escalera que tuviese tan solo el último escalón? ¿Despreciaría alguien el primer paso del camino porque la meta se halla al final? ¿Alguien se siente calumniado habiendo sido niño porque hoy es adulto? ¿Es despreciable la semilla que da lugar al árbol? Entiendo que así, y no de otra manera, deberíamos enfocar la vida, la experiencia, los problemas y los aciertos: sabiendo que cada hecho es pedestal del que vendrá a continuación.

Por adorar tan solo al cambio es por lo que hemos perdido la memoria. Por entronizar lo nuevo, nos hemos deshecho de la tradición. Y cuando la memoria y la tradición aparecen, es apenas para vituperarlos. ¿Qué pasará, pues, cuando los nuevos de hoy pasen a la memoria y a la tradición? ¿Se sentirán felices con el desprecio juvenil? ¿Aceptaran los nuevos de hoy el no haber sido nada ni nadie?

Hay en el hombre –aunque cueste reconocerlo– una infinita sed de eternidad que se manifiesta en todo lo que el hombre hace: en los hijos que tiene para que le perpetúen, en las casas que construye, en los libros que escribe, en las palabras que dice y en la experiencia que intenta transmitir. Esta sed de eternidad no tiene dimensión tan solo hacia adelante: esa eternidad se siente precisamente porque viene desde un inabarcable atrás y se dirige hacia otro inabarcable frente. A esos dos infinitos, el del principio y el del fin, desarrollándose en el tiempo, es a lo que llamamos historia en el más amplio espectro de la expresión.

Por eso amamos todo lo que es historia, todo lo que tiene un fondo lejano y una posibilidad de traspasar hacia el futuro: no como algo absolutamente nuevo, sino como algo absolutamente cierto y bueno a pesar del tiempo.

Lo nuevo no tiene que ser forzosamente bueno; en principio, es tan solo nuevo. Para ser bueno tiene que tornarse «viejo», tiene que probarse en las lides del tiempo, tiene que haber soportado muchos «tic-tac» de venerables relojes, hasta demostrar su bondad. Tiene que poder servir a hombres y mujeres, a niños y ancianos; tiene que tener la frescura del agua y el sabor con solera del vino; tiene que afrontar el día y la noche, brillar con el sol y con la luna... y dejar de brillar apenas un instante, para tomar un respiro y seguir adelante. Como el Big Ben que ahora se ha detenido, como otros relojes que vendrán, pero que solo obtendrán nuestro recuerdo en la medida en que hayan sabido acompañarnos por años y años señalando los buenos y los malos minutos con igual ecuanimidad.

Para los que creemos que también el silencio es sonido, hay más símbolo en el silencio de un reloj que ha vivido mucho que en el resonar de los que ahora siguen marchando. El silencio, la falta de lo que estaba, señalan precisamente que algo había: un reloj, el sonido armónico de la historia que ha respirado un instante antes de iniciar la marcha de otras horas, tal vez en el metal, tal vez en el recuerdo...

...girar la rueda del tiempo

Hoy vi girar la rueda del tiempo. Y digo girar porque el mismo tiempo me ha convencido de que todas las líneas son curvas, y más que en caminos rectos hacia el infinito, solemos movernos en espirales.

La espiral encierra en su misterio de forma ese otro misterio mayor que es el de la evolución. Sus líneas son circulares, pero jamás transcurren en el mismo plano, sino que se elevan sucesivamente siempre alrededor de un eje central. Y sus círculos no son todos iguales; por el contrario, van disminuyendo a medida que suben más alto: curvas más pequeñas, más altas, más cercanas al eje conciencia de la espiral.

Imaginando el tiempo bajo esta figura espiralada, no cuesta nada concebir que los períodos de vida humana y aun otras formas de vida que ahora no vamos a analizar se suceden por caminos muy semejantes, con muchas características similares, si bien un punto más arriba en la evolución.

Muchas veces hemos tratado, desde estas páginas[1], sobre el advenimiento de una nueva «Edad Media». Y hemos analizado las particularidades, buenas y malas, que definen a una edad media o intermedia entre otras dos edades, que después de todo es lo que significa esta denominación.

Muchas veces, pues, hemos intelectualizado un análisis de la historia, y hemos llegado a la conclusión de que la rueda de los tiempos nos llevaba casi por fuerza a otro medioevo.

---

1. Se refiere a la revista *Nueva Acrópolis*, como ya se indicó en el prólogo.

Pero hoy lo he visto.

No lo he visto en ningún libro, ni lo he escuchado a ningún destacado pensador, ni aun lo he conversado con filósofos amantes del estudio histórico. Simplemente lo vi en las calles, en la gente, en las modas, y aun en los modos.

Sabido es que las formas de vida son temporales y pasajeras; pero ellas encierran una determinada manera de sentir y pensar que se refleja pasajeramente, pero se refleja.

Dejándose caminar por una gran tienda, esos mundos repletos de las cosas que quiere y busca la gente, se observa con toda claridad una reversión de los gustos —o de las modas— hacia una pavorosa simplificación no desprovista de la fuerza bruta e inocente, concreta y cándida de lo medieval. Todo parece ir hacia atrás, no en una regresión, no en una falta de economía, sino en una búsqueda de ciertas esencias del pasado que necesitan vivirse con un nuevo enfoque.

Como si la hora hubiese llegado, habiendo girado la rueda del tiempo, todas las campanas baten a Edad Media. Los plásticos ya no gustan; ahora se ama nuevamente la madera cálida, el metal frío, lo real en contraposición a lo ficticio del plástico. Los juguetes ya no representan fantásticos mundos futuros de aeronaves y conquistas espaciales, sino que se vuelcan lentamente hacia formas caballerescas, aguerridas y notables, de lucha a pecho abierto y no escondidas en cápsulas interestelares. Los cuadros van perdiendo sus figuras estilizadas e incomprensibles a fuerza de subjetivas, y en cambio, damas y caballeros medievales de largos trajes asoman en pinturas y tapices. Las confecciones a máquina —la maravilla de principios de siglo— ya no son las mejores: ahora vale lo que se hace a mano, lo que sabe a personal y humano. Las modas es más lo que cubren que lo que descubren, y cuando descubren lo hacen por necesidad y no por espectáculo gratuito. Vuelven los cristales de colores, los pájaros y mariposas disecados, las lámparas enormes de madera y metal que penden de los techos, el recuerdo de la iluminación con velas y antorchas, la necesidad de recogerse, de dar sentido a aquello llamado «hogar».

Hoy vi algo que ya no es tan solo moda. Es cierto que «no hay nada nuevo bajo el sol» y que, sin poder evitarlo, caemos en la repetición de las formas. Pero ¿por qué estas y no otras? Aun la repetición tiene un valor psicológico y simbólico. El repetir los esquemas del medioevo trae aparejada una necesidad de medioevo, no por las vestimentas ni los adornos, sino por todo lo otro que vestimentas y adornos sugieren.

Es imperiosa la búsqueda de liberación por parte del hombre, liberación que normalmente se entiende mal, o peor. Urge la liberación de un conjunto de fórmulas que se han acomplejado demasiado, que han ido haciendo cada vez más ficticia y vacía la vida, que le han restado sentido y finalidad. Se impone un volverse a sí mismo y hallar verdades que no estén dictadas por miles de periódicos, radios o televisores. Falta redescubrir el milagro del trabajo humano con su dignidad real, trabajo que produce a ojos vistas del mismo que trabaja: hoy se ama más la planta que hemos regado con nuestra manos que el tornillo perfecto que ha surgido a oscuras en un equipo impersonal de montaje.

Pero, y sobre todas las cosas, Dios se ha hecho presente y necesario entre los hombres. Hacía tiempo (desde el otro giro de la rueda) que se le había olvidado, y mucho. Así, el hombre comienza por buscarlo tímidamente en un arte más simple, en una forma de vida más recogida, en una sinceridad más auténtica, en un trabajo más laborioso y productivo, en una fe sin nombres por ahora, pero que es la misma que alumbró toda la pasada y muchas otras Edades Medias.

Hoy vi moverse al Tiempo. Él es inexorable y lleva a la meta mejor, que ahora se asoma como una Edad Media, pero que siempre apunta hacia una mayor conciencia en el hombre, hacia una conciencia siempre despierta, como las míticas flores que no se cierran jamás.

...la luz

Hoy vi la luz... Como siempre no son cosas nuevas las que veo, pero tienen la particularidad de mostrarse ante mis ojos con nuevas perspectivas. Es como ver por primera vez aquellas cosas que se veían sin verse...

La luz me hirió con fuerza, la luz de un sol poderoso y limpio que barrió en un instante –el propicio del amanecer– con todas las sombras de su alrededor. De pronto, el mundo tomó forma y color; de pronto, cual si fuésemos niños, otorgamos existencia a todo lo que antes ignorábamos simplemente porque no veíamos.

De pronto también, se me hizo vital el tantas veces leído y repetido ejemplo platónico de la caverna: el hombre atrapado en el oscuridad de la tierra-materia; el hombre que maneja a tientas las cosas porque no viéndolas con claridad apenas si las conoce; el hombre encadenado a esa misma oscuridad sin tener conciencia de su cárcel, el hombre que siente, sin embargo, la necesidad de liberarse y rompe sus cadenas buscando una salida; el hombre que emerge a la luz del sol y queda deslumbrado ante ese brillo desconocido e insospechado. Ese hombre ha tropezado de pronto con la realidad; ahora ve, ahora sabe.

Todo esto —y tantas otras cosas...— galoparon en mi interior con la sola visión del poderoso rayo de luz matinal. Y de allí surgieron las nuevas preguntas, la imbatible necesidad de luz que nos acosa a todos los humanos.

Si pudiésemos poner luz en todo lo que vemos, en todo lo que aprendemos, en todo lo que juzgamos... Si se hiciese la claridad en nosotros, como si el sol hubiese amanecido en el alma, entonces muchas sombras se disiparían... Es probable que muchas incógnitas se despejasen, cuando antes solo vivíamos en la penumbra de las dudas. Es probable que la vida adquiriese una dimensión más amplia, dejándonos ver desde arriba —claramente, como el sol— todo aquello que nos acontece.

Cuando las cosas se ven desde arriba, pierden el dramatismo de la lucha bestial por la vida diaria. Cuando las cosas se ven desde arriba —con un poco de luz— no es que dejen de existir, sino que se enfocan de otra manera, tal vez la más lógica. Cuando un par de perros pelean por un mismo hueso, lo hacen a nivel del suelo, sin percatarse de que pocos metros más allá hay otros huesos, otra posibilidad que vuelve inútil la lucha anterior. Guerras, incomprensiones, conflictos, matanzas, tensiones, odios, vanidades, ambiciones... son huesos por los que tantos hombres pelean... Apenas un poco más allá, apenas un poco más arriba, apenas con un rayo de luz, todo eso encaja en sus dimensiones. La vida tiene su cara luminosa y su cara oscura, sus momentos felices y los otros desgraciados, pero es necesario verlo así, concebirlo como ley inexorable, y aprender a caminar en consecuencia hacia el costado del camino señalado con la claridad y la felicidad.

Mientras más nos debatimos en las sombras, menos posibilidades tenemos de salir de esa trampa, pues al igual que el hombre de la caverna, empleamos todo nuestro tiempo y nuestra energía en la lucha tenebrosa, sin dejarnos un minuto libre para vislumbrar la escapatoria. Cierto es que a veces, como el hombre de la caverna, debemos batallar en la oscuridad para romper nuestras cadenas de ignorancia; pero entonces lo hacemos con todas las fuerzas puestas en la meta fija de la liberación posterior. Ya no es la lucha por la lucha en sí, por cuanto una nueva conciencia nos señala nuevos derroteros.

Mientras más nos sumerjamos en un mundo de palabras y de promesas falsas, de mentiras y de cobardías, menos sabremos de la luz clarificadora. Esas engañosas luces nos harán creer la falacia de que no hay otra luminosidad posible.

Sin embargo, además de las palabras están los hechos; además del conocimiento vacío de hombros para arriba, está la sabiduría activa que nos permite vivir día a día aquello que hemos logrado comprender. Además de las falsas promesas hay esperanzas auténticas. Además de la cobardía, hay fe en el futuro y en las fuerzas humanas para conquistarlo.

Estamos hartos de antorchas que arden poco y mal; de débiles linternas que pretenden alumbrar nuestros pasos; hartos de fuegos fatuos, de chispazos que no duran ni un día, de resplandores engañosos que pretenden emular la luz del sol. Sabemos que fuera de nuestras ventanas amanece todos los días; sabemos que el sol es una realidad más allá de las nubes y las tormentas. Solo nos queda abrir nuestras propias ventanas, salir de nuestra propia caverna, abrir nuestros ojos deslumbrados a la luz natural, y empezar a ver nuestro propio mundo, aquel en el que tenemos que vivir; encadenados, sí, pero a la esperanza de ese Mundo Nuevo y Mejor que nos espera un poco más adelante, en ese mismo horizonte donde empieza a amanecer.

...la música

Hoy vi la música... Sé que en rigor debería decir que «hoy oí la música», pero también es verdad que, en algunas oportunidades, logramos ciertas formas de visión que van mucho más allá de lo que los ojos pueden captar.

Por eso, después de tanto tiempo de considerarla mi fiel compañera, después de tanto tiempo de vivir cerca de ella y disfrutar de su maravilla, creo que hoy he logrado «verla».

Es fácil en la juventud dejarse arrebatar por los sentimientos que despierta la música; es fácil dejarse llevar, volar por quién sabe qué mundos exóticos; es fácil dejar que las sonrisas o las lágrimas fluyan casi sin motivo aparente nada más que al toque de los sonidos. Pero hace falta haber vivido unos años más para no conformarse con el solo fenómeno de la emoción. Entonces, al cabo del tiempo, surgen las preguntas profundas, las que vienen de la misma raíz interna, allí donde duerme el verdadero Hombre, que pocas veces se atreve a asomarse en nosotros. Entonces, al cabo del tiempo, esa música que antes se resumía en múltiples sensaciones, ahora se vuelve una realidad y una respuesta.

Hoy vi, como en un chispazo, que aun detrás de los ruidos ensordecedores de la ciudad, sigue habiendo música. Hoy vi que todo vibra en sonidos no siempre comprensibles para nuestros oídos. Hoy vi que no es bueno detenerse en las apariencias de las cárceles cotidianas, sino que, para llegar al corazón de la música, hay que buscar siempre un poco más allá, un poco más hondamente. Y este corazón de la música es la armonía con que todo se manifiesta.

Cuando por breves instantes logramos escaparnos de la rutina material del vivir con minúsculas, se abren nuestros ojos ante la inmensidad del universo que sabemos incomprensible, pero que, sin embargo, no sentimos ajeno a nuestra condición de humanos. ¿Qué es lo primero que entonces nos llama la atención?: el orden, la armonía inquebrantable con que todo se desenvuelve, los ritmos incansables con que los ciclos vuelven a aparecer una y otra vez... Eso es música. Así cobran nuevo valor las palabras de los viejos filósofos que nos explicaban aquello de la «armonía de las esferas». Así entendemos que, efectivamente, detrás de nuestros ruidos existen sonidos bellos y encadenados que van atando sutilmente las formas universales de vida. Así entendemos que la música que llega a nuestros oídos es apenas una sombra –y no por eso menos bella ante nuestros imperfectos sentidos– de aquella otra música cósmica que probablemente resonará cadenciosa e infinitamente en el espacio.

Por eso hoy vi la música y entendí su gran secreto. Ella no es obra ni creación de los humanos, o por lo menos no es fruto de los humanos enceguecidos y encadenados a la materia... Ella viene de lejanas regiones y se deja atrapar por los genios que, en sus raptos de inspiración, pueden ascender a las esferas de la armonía. Estos son los hombres felices —¿verdaderamente felices?— que pueden vivir el fenómeno de elevarse hasta ese mundo superior y transcribir luego, con la desesperación de la prisa, unas notas en sus páginas, o unos acordes en sus instrumentos, que deberán resumir lo que ellos percibieron tan esclarecedoramente.

Y a nosotros nos queda el oír o el ver... el abrir esa puerta mágica que alguna vez fue secreta y hoy nos muestra el camino de la música. Los sonidos no mueren en el aire, no se desvanecen en el tiempo; basta querer ver para observarlos danzando en el espacio, repitiéndose miles de veces en la memoria. Es la armonía que clama por sus ancestros; es la música que se presenta ante nosotros.

¿Quieres verla tú también? Hay muchos autores que la han escrito para ti... Hay muchos hombres que expresaron su verdad a través de la belleza del sonido. Y es seguro que si dejásemos penetrar esa armonía en el fondo mismo de nuestro ser, muchas angustias serían barridas como por arte de magia: el ritmo universal habrá puesto orden en nuestro microuniverso que llamamos «hombre».

...la primavera (I)

Hoy vi la primavera. Es cierto que pude haberla visto en todos los años anteriores, pero el vivir apresuradamente nos hace pasar por alto las maravillas más grandes de la naturaleza.

La primavera que hoy vi se desprendió como un hálito sutil y luminoso de entre un conjunto de árboles. Me dejé arrastrar por mi imaginación, y no me costó nada identificar esa figura esplendente con los rasgos delicados que Botticelli pudo imprimir a su propia *Primavera*. Y, por los milagros que se dan en el mundo de la imaginación, la primavera se volvió hacia mí, dejando a su paso una estela de enseñanzas.

Me recordó cuánta es la semejanza entre el sueño y la muerte, y cómo ella tiene el poder para vencer a uno y a la otra; allí donde se cree que ya nada más existe, se levanta el milagro de la resurrección.

Me recordó el porqué de viejas tradiciones relativas al misterio del Sol: es que el primer rayo del primer día de primavera, (y del primer día del año, en realidad), trae la fuerza especial de lo nuevo, lo puro y lo bueno. Es el primer aliento después de un largo período; es la primera luz después de una continuada oscuridad.

Me recordó el valor de la belleza, pero de una belleza que no es de formas pletóricas, sino de líneas simples y apenas esbozadas: una belleza primaveral, adolescente, sencilla y natural. Y supe que ella es Primavera, es mujer, es bella y todas las mujeres, como hijas suyas, deberían imitarla en su gesto mágico de estetismo.

Me recordó la sonrisa del despertar, que es la misma de un niño cuando abre los ojos en la mañana. ¡Ah, el valor de una sonrisa en este mundo, que es puro invierno de dolor y agresividad...!

Me recordó la calidez del gesto bondadoso y tierno; la posibilidad de brindar ayuda y afecto a quien lo necesite; la posibilidad de no medirse en generosidad.

Supe entonces algo más sobre el misterio de la eternidad: la belleza, la ternura, la pureza, la generosidad, son elementos de la eternidad. La eternidad no es un infinito vacío, triste y frío, donde nada se puede hacer excepto dejar correr las horas. La eternidad es un constante revivir, un redespertar a cada minuto, un volver a empezar en cada instante.

La primavera es eterna: una vez al año ella llega a nosotros y se hace visible en luz y flores, en calidez y sonido. Pero basta con esa presencia para que, durante el resto del año, guardemos la semilla de su secreto: despertar cada mañana, vivir cada día, aprovechar cada hora y guardar la frescura necesaria para renacer cada día; dar un paso hacia la plenitud que, en las estaciones del año, se llama verano.

Para quienes caminamos, para quienes todavía no podemos más que soñar con la realización absoluta del verano, para quienes necesitamos del apoyo amigo de una mano: ¡para todos nosotros ha llegado la primavera!

...la primavera (II)

Hoy vi la primavera, cual un don del tiempo anticipándose a su momento, y me alegró esta visión, pues hay épocas tan difíciles y conflictivas en la vida, que uno llega a temer que la primavera ya no se presente ante nosotros, o que el sol no asome más por las mañanas.

Hoy vi que cada vez produce mayor esfuerzo no caer en las habituales comparaciones entre lo que era y lo que es, entre las primaveras «de antes» y la que ahora viene. Ella, la de mi visión, es siempre la misma; pero ¡cómo la modifican los oscuros velos de nuestra época!

La imagen de la primavera ha sido durante siglos la de una frágil doncella que simboliza el despertar, el renacimiento de la naturaleza entera, y también, por consiguiente, de todo lo bueno y bello que subyace dormido en el interior de los hombres. Primavera ha sido sinónimo de alegría y reencuentro, de felicidad y luz. Primavera es una invitación a empezar de nuevo, a olvidar viejos dolores, a sentir la energía de la vida corriendo por nuestros cuerpos. La primavera, con su suave andar, va descubriendo día a día los misterios de un mundo que se había adormecido durante el invierno; sigue la ruta del crecimiento, de la evolución segura hacia la madurez del verano que la continuará... Y por todo eso, la primavera siempre se ha recibido con encanto y esperanza. No hubiera sido yo quien la hubiese visto... sin que todos y cada uno hubiese llevado en sus ojos una chispa de imagen de primavera.

Sin embargo, hoy es muy diferente el ver la primavera. Hoy hay que esforzarse para verla. Ella cumple su cometido como siempre, y aparece en las mismas fechas, pero ¡cuánto más trabajo tiene ahora por realizar! ¡Cuánto más triste es el panorama que tiene que despertar!

Ya no nos pesa solamente el frío y la oscuridad del invierno. Pesan mucho más dolores y cargas que hay que llevar como se pueda sobre los ya castigados hombros. Pesan también las almas oscurecidas, el odio y la incomprensión, la locura y el desatino, la ira y el desprecio... Ya casi ni importa que llegue la primavera. ¿Cómo advertir su presencia en medio de tanta tristeza?

Sin embargo, he logrado verla y creo que todos podríamos abrir por un instante nuestros sentidos del alma hacia ella.

No debemos dejar que el agobio nos domine por completo hasta hacer de nuestras vidas una perpetua muerte. No debemos eliminar la esperanza ni el sueño de un mundo mejor que podríamos construir entre todos. Las oportunidades no se agotan tan rápidamente como pensamos; la piedad de la naturaleza es infinita y ofrece mil y un nuevos caminos al hombre para transitar. La luz de la primavera brilla incansablemente año tras año, proponiendo ese renovado esfuerzo que nos habrá de devolver la verdadera vida.

Hoy vi la primavera... Unos días más, y esta, que es hoy apenas una sombra, se convertirá en plena realidad. Una vez más, el símbolo del amor y la felicidad aparecerá ante los hombres.

Cuando la naturaleza circundante despierte de su sueño, despertaremos nosotros también. Cuando se abran las flores y prometan los frutos, florezcamos nosotros también. Sepamos hundir los ojos más allá de las sombras actuales. Sepamos vivir valientemente las visiones de hoy que serán las verdades de mañana.

Aprender es comenzar a vivir todos los días. Saber vivir es tomar de la primavera su capacidad de recreación constante. Atrévete a verla: ¡también para ti llega la primavera!

...la ecología en acción

Hoy vi la ecología en acción... Este es, precisamente, un tema que día a día llena las páginas de todas las publicaciones, hasta llegar a convertirse en una auténtica preocupación para todos los hombres.

Se habla de salvar la naturaleza, de evitar las contaminaciones, de lograr trabajos adecuados que rindan el máximo procurando las mínimas molestias. Se comienza a mirar con malos ojos a las máquinas (esas que fueron programadas como «amigas» del hombre), se teme a los combustibles, se huye de los residuos y se busca la pureza, observando con añoranza cómo las viejas fuentes de aguas medicinales y curativas, hoy apenas muestran sus carteles de «no potable»...

Todo eso y mucho más es lo que se dice, pero nadie —o casi nadie— hace mayores esfuerzos para lograr esos objetivos. Es más: casi nadie sabe lo que debe hacerse para llegar a la tan pretendida pureza ecológica. Se sabe lo que se quiere, pero no se conocen los medios para obtenerlo.

Pues bien, en medio de todos estos pensamientos, una realidad concreta vino a golpear mi entendimiento, y digo golpear, pues fue muy grande el impacto que produjo esta realidad en contraposición a los sueños, a la fantasía desencaminada y las especulaciones mentales que a menudo nos ocupan.

En medio de una carretera de nuestra península ibérica, la ecología me salió al encuentro. En medio de uno de esos viejos caminos sin señalizaciones ni pavimentos lucidos, en medio de la sencillez campesina y montañosa, una mujer se me apareció como el modelo exacto de lo que buscamos como economía de la naturaleza.

No es este, lugar para largas disquisiciones sobre las igualdades o desigualdades sociales... sobre la felicidad o la infelicidad de pobres y ricos... Pero lo cierto es que la humilde mujer que pude ver me pareció mucho más colocada en la vida, mucho más segura de sí misma, mucho más feliz que otros varios seres que he conocido y conozco a diario. Lejos de las preocupaciones intelectuales, de las luchas de clases, de la crisis de Oriente o de Occidente; más allá de los enfrentamientos humanos en todos los rincones de la Tierra y de los odios desencadenados en consecuencia, la mujer que vi era un canto a la vida en el más amplio sentido de la palabra.

Tendría ella... no sé cuántos años... esos años indefinidos que señalan a esas mujeres fuertes y sencillas que viven en contacto con la naturaleza. Vestía con su eterno color negro, y con esas ropas que no se han hecho para lucirse sino para cubrirse. Caminaba a un costado de la carretera con paso tranquilo y seguro, sabiendo hacia dónde y para qué iba; nada la distraía en su andar, ni los carros con bueyes, ni los pacientes burritos, ni los modernos automóviles con bocinas poderosas. Ella seguía, con su cesta en la cabeza, como si llevar una carga a su destino fuese la cosa más importante del mundo... y lo era, desde luego.

Pero no todo se reducía a su paso sostenido, o a la cesta que llevaba sobre la cabeza. Mientras tanto, en sus manos mostraba unas largas tiras de paja, con las que iba trenzando una nueva cesta... y mientras tanto sus labios musitaban calladas palabras... ¿Una vieja plegaria, quizás? ¿El repaso de sus sueños humildes y simples? ¿Aquello que se pide a Dios con el silencio en la boca y con el alma plena?

Qué importa todo eso...

Yo la vi apenas unos instantes, pero no pude evitar que mis ojos se fuesen detrás de ella... ¡Qué perfecta, qué sana, qué limpia, qué útil me pareció su actitud! Nada había en ella de desperdicio, nada de indolencia, nada de penas estériles, nada de alegría exagerada... Solo lo justo, lo bueno, lo exacto para aprovechar al máximo cada minuto de vida. Pensé que si todos, cada uno en su puesto, aprendiésemos a utilizar nuestro tiempo y nuestras energías en la misma medida, muy distinto sería nuestro mundo de lo que es. Hoy padecemos enfermedades civilizatorias varias, pero tal vez la peor de todas sea el tiempo que perdemos en quejas y que no sabemos ganar en actos útiles.

Pensé en que esta mujer sabe hacer historia. Su mundo —su pequeño mundo—, su casa, sus seres queridos, las circunstancias todas que la rodean, no quedarán iguales cuando ella se haya ido... Algo habrá cambiado para mejor, algo habrá crecido en ella y en los demás. Viejas cestas de paja trenzada nos hablarán de sus manos, millares de pasos en los caminos serán como los que ella hacía diariamente, y fervorosas oraciones serán el eco de su plegaria callada y musitada.

Todo camino comienza con el primer paso. Todo cambio se inicia con una pequeña y consciente actividad. Y también la ecología del mundo parte del orden y la pureza personales que cada uno de nosotros podamos poner en nuestras vidas... como la mujer que hoy vi.

...caer una hoja

Hoy vi caer una hoja... Verdadero prodigio del otoño, este hecho me ha puesto en contacto con el milagro de una vida fecunda y realizada, que llega a su fin en el mayor de los esplendores.

La vulgar apreciación de la existencia nos obliga a menudo a rápidas y falsas opiniones, regladas por conceptos tan infantiles como «todo lo que cae es malo, y todo lo que sube es bueno». Pero nos hemos olvidado de que a veces son las fieles hojas del otoño las que caen, y las dramáticas bombas explosivas las que suben...

Con la misma ingenuidad inconsciente, tendemos a minusvalorar el otoño, la vejez, todo aquello que acaba y pierde lozanía para nuestros sentidos, sin pensar que lo que desaparece para nuestros ojos puede cobrar vida para otros ojos, para otros mundos, para otras formas de existencia.

El otoño es un poco como la muerte del año, que luego se enquista en el frío reconcentrado e íntimo del invierno. Asimismo la vejez es para los hombres la salida de esta nuestra vida, para encerrarse luego en el misterio insondable de la muerte física. Sin embargo, ni las almas mueren ni el año deja de renovarse en próximas primaveras y cálidos veranos.

Hay un misterio en estos ciclos que podría desvelarse en el hecho de la misión cumplida. No toda muerte es heroica, ni toda vida inútil. La muerte es noble corona cuando pone fin a una vida pletórica en la cual se ha cumplido con todas las consignas de la naturaleza, tanto material como espiritual.

En la hoja caída del otoño, he visto precisamente la síntesis gloriosa de una humilde vida vegetal, pero fiel a su consigna, noble hasta el final. La hoja que fue alegría y color durante el estío; la que ha proporcionado día a día su cuota de amor traducida en purísimo oxígeno; la que ha sido sombra acogedora y murmullo acariciante; la que ha orientado todas las mañanas sus ojos verdes hacia el sol: esa desaparece dulcemente, con un mensaje dorado en su caída.

No se trata de una caída brusca, ni siquiera se trata de una caída: es el último movimiento armónico de un ser que se ha llenado de beber sol hasta teñirse del mismo color de sus rayos, y entonces baja a los pies de los hombres tapizando en mágica alfombra el paso de quienes también anhelan llenarse de sol.

¡Cuántos mudos consejos se guardan en la hoja del otoño!

¡Cuántos seres humanos, por temor a la muerte, no sabemos vivir! ¡Cuántas veces se desperdician años y años, en pos de efímeras y vagas ilusiones que no suponen el sol estimulante para la hoja, sino las sombras engañosas con luces artificiales! ¡Qué pocos los hombres que perfuman a su alrededor mientras existen, que sirven diariamente a sus semejantes, pensando en el árbol todo de la naturaleza, antes que en la individual condición de hoja!

Esos pocos son los que han hecho historia. Claro está que en la historia figuran, pues, esas luminarias de excepcional condición, y no la pequeña hoja del otoño, a la que hoy vi morir...

Por eso quiero dedicarle mis palabras a la hoja dorada, para que ella también vuele al infinito con un recuerdo humano prendido en sus secas nervaduras. Porque admiro al Cid que cabalgó y luchó después de muerto, porque admiro esas muertes que valen tanto como la vida, admiro esta hoja que acaba de caer, la que vivió mirando hacia el sol, la que juntó rayos dorados en alquímica transmutación, la que vi en su danza alucinante, pues mientras su cuerpo llegaba a la tierra, un rayo de luz se irguió poderoso hacia el cielo.

...las heridas de la Tierra

Hoy vi las heridas de la Tierra... Es probable que los arqueólogos y estudiosos de múltiples ciencias geológicas tengan nombres diferentes para designar esto que hoy vi: ruinas, restos, fisuras, y hasta valles y montañas... Pero para mí adquirieron el aspecto de verdaderas heridas, muchas de ellas cerradas, pero impregnadas del recuerdo de los hechos pasados.

Contaban los antiguos que la Tierra es un ser vivo, y que, salvadas las diferencias de tamaño, es posible ver en el planeta reacciones muy semejantes a las de los humanos. Pues de eso se trata. He visto detalles que me hicieron volver los ojos hacia la propia humanidad y hacia algunos de sus rasgos distintivos.

¿Cuántas veces, al mirar nuestras manos o nuestro rostro, no hemos descubierto los rastros de viejas heridas? Hoy se ven apenas como líneas casi borradas por el tiempo, pero sin embargo, evocan en nuestra memoria múltiples acontecimientos que estuvieron relacionados; son heridas que, una vez curadas, conservan, no obstante, el sabor de los hechos que las vieron surgir, casi con nostalgia, casi con tristeza por el tiempo transcurrido, casi con la pena profunda de no poder hundirnos en el pasado y recuperar aquellos momentos que ahora solo se presentan en viejas cicatrices...

Otro tanto sucede con la Tierra. Al recorrer sus caminos señalados por el hombre, surgen de vez en cuando ruinas y restos entre tétricos y románticos, que hablan de otras épocas. Pero no son solo ruinas de piedras, o maderas, o metales... Son como las heridas de nuestro cuerpo, que señalan, además de un objeto, también un recuerdo.

Al recorrer la Tierra —como decíamos— aparecen recodos accidentados, vueltas y revueltas, montañas que ascienden orgullosamente, para bajar luego en la sencillez del valle y la planicie; ríos que saltan o rugen, labrando sus cauces en lo profundo; gargantas tenebrosas que ocultan oscuridades secretas... Es como si al ver las arrugas de la Tierra, nos estuviésemos mirando al espejo nosotros mismos. Surcos, cicatrices, canas, señales, lunares, detalles que hablan de una vida. Ríos, mares, llanos y alturas, brechas y espesuras, que hablan de una vida también.

Por ello me he detenido en las heridas de la Tierra. He sentido que los viejos restos de viejas civilizaciones que todavía se alzan en algunos puntos, son heridas relativamente cerradas. Aún conservan la fuerza y el impulso que los hicieran nacer. Me gustaría preguntarle a la Tierra por sus recuerdos; me gustaría oír sus historias acerca de tantos momentos, de tantos hechos, de tantos hombres que la dejaron marcada...

Sí, es cierto, hay científicos que trabajan en la Tierra. Plenos de paciencia y conocimientos técnicos, recogen con cuidado sus restos o sus muestras, para analizarlos luego en sus laboratorios. Pero no ven las heridas, no oyen llorar al tiempo a través de las grietas, no entienden de la vejez de la Tierra que atesora recuerdos.

La Tierra guarda secretos, sí, pero no es el frío lenguaje de la ciencia el que podrá desentrañarlos en su profundidad. Hace falta un imprescindible hálito de humanismo; hace falta una convivencia entre seres vivos, para que la Tierra y los hombres entren en verdadera relación.

Hacen falta, no solamente instrumentos técnicos, sino saber acariciar la superficie terrestre, esa tan llena de antiguas heridas que rememoran antiguos momentos. Hace falta sentir la misma piedad por las grietas llenas de vapores que por las arrugas que surcan un rostro. Hace falta sentir que los años no pasan solamente para hombres y mujeres y que la historia se acumula tanto en nosotros como en nuestro habitáculo planetario.

Hace falta despertar esa perdida sensibilidad que vibra ante los restos de aquellos mundos que nos precedieron, más allá de saber medir o calibrar los trozos enhiestos de sus monumentos.

Solo entonces sabremos que la línea arrogante de una torre de un olvidado castillo puede brillar con igual ardor que unos ojos cargados de recuerdos y de esperanzas.

La Tierra tiene sus heridas, algunas ya cerradas por el paso del tiempo. ¿Seremos capaces de leer en ellas? ¿Seremos capaces de grabar nuevos jeroglíficos para que el tiempo futuro los pueda descifrar?

...temblar a la Tierra

Hoy vi temblar a la Tierra... emitir sordos rugidos como si fuese un inmenso animal atrapado, gritando por salir a la luz...

No siempre hace falta estar en medio de los acontecimientos para vivirlos. Es verdad que quienes han tenido la desgracia de sufrir temblores y terremotos podrían contar las cosas que han visto mucho mejor que yo. Pero, a falta de esa vivencia directa, he optado por perder la frialdad ante las noticias de la prensa, la indiferencia ante las informaciones diarias; he tratado de ver con otros ojos —con los mismos de los hombres que sufren— esta extraña expresión de la Tierra: la de sus sacudidas, la de sus espasmos volcánicos, la de su voz de trueno y su respiración de lava.

Hoy vi imágenes terribles, fotografías llegadas desde –para mí– distantes puntos del globo; pero vi detrás de todo ello la manifestación evidente de un ser vivo: la Tierra.

El tiempo va dejando atrás aquellas simples teorías que hacían de nuestro planeta un conjunto inerte de piedras y barro, de mares y ríos. Hoy, cuanto más avanzamos, más volvemos los ojos hacia atrás y recuperamos con ansias aquellos otros conocimientos que nos mostraban a la Tierra como uno más entre los seres de la creación; un planeta, sí, pero con su especial forma de existencia, con sus leyes de crecimiento y expansión, con sus dolores y enfermedades, con sus ritmos y sus latidos. Una Tierra «animada», un gran «animal» en el que la vida se expresa con actitudes no del todo diferentes a las de los humanos.

Cuando los ojos ven, es difícil imaginar una Tierra «muerta» o dormida; es casi imposible creer que la raíz de las muchas maravillas que recogemos a diario sea un trozo de roca girando al azar en el espacio. Cuesta convencerse de que de la «nada» surgen las flores, los árboles frondosos y las piedras preciosas...

Cuando los ojos ven, la Tierra vive y se mueve ante ellos, gime y suspira, parlotea y se adormece; despierta a veces violentamente, o simplemente sacude de su piel lo que más le molesta.

Hoy vi a nuestra gran Casa Planetaria temblar y rugir... No sé si es la ira quien la domina, pero la he sentido «viva» y alerta, como si en medio de grandes dolores, para ella y para sus habitantes, fuese a parir un nuevo mundo para nuevas épocas.

¿Habremos de remitirnos otra vez a las doctrinas sobre los cambios de la faz terrestre, las variaciones de los polos, los continentes sumergidos y las costas que se levantaron? ¿Intentaremos comparar la superficie del globo con nuestra piel y sus particularidades, las células que caen y los tejidos que más tarde se regeneran?

Lo cierto es que no hace falta desenterrar viejas teorías ni colocarse en la actitud de falsos predicadores del futuro. Lo cierto es que los números, en cuanto a leyes cíclicas, cantan una clara verdad, que, entendamos o no, nos está queriendo explicar algo. Las para nosotros catástrofes sísmicas se repiten cada vez con más frecuencia, ciertas zonas del planeta son afectadas reiteradamente; el respiro entre temblor y temblor es cada vez más breve...

¿Qué le pasa a la Tierra? ¿Qué nos quiere transmitir con su extraño lenguaje de cataclismos? ¿Qué quiere dejar escapar por las oscuras y profundas grietas que se abren en su piel de continente? ¿Qué indican los mares que se revuelven y se agitan en gigantescas olas?

¿Estamos acaso ante una nueva era? ¿Es que la Tierra prepara sus próximas formas de sustentación para próximos hombres o civilizaciones distintas de las de ahora?

Si la naturaleza entera es simbólica, si cada hoja que se mueve señala algo en el contexto del universo, he aquí un nuevo misterio en el cual enfocar nuestra mirada. Es poco lo que entendemos, pero «sentimos» que algo pasa... Nosotros estamos vivos y ella, la Tierra, también. Ante los ojos del alma se alza el todavía complejo lenguaje de la naturaleza: hay un importante mensaje para descifrar en este mismo minuto de nuestra historia.

...un ideal llamado Nueva Acrópolis

Hoy vi un ideal llamado Nueva Acrópolis.

Si bien no es nuevo para nuestros lectores, cabe de vez en cuando remozar conceptos para hacerlos siempre vivos y actuales, o para comprender con una mayor profundidad este propuesto ideal para un Mundo Nuevo y Mejor.

Nueva Acrópolis no es una creación actual; lo que tiene de nuevo es estar una vez más en el mundo bajo las formas que requiere nuestro momento actual. Por lo demás, siempre el hombre se ha preguntado sobre sí mismo: quién soy, de dónde vengo y a dónde voy... La respuesta a estas cuestiones fundamentales es siempre la misma, si bien se ha cubierto de las vestiduras indispensables para que seres de distintos lugares del mundo y en distintos momentos pudiesen entenderlas según su particular enfoque.

Hoy, con nuestras palabras, diremos que el hombre es un fruto del Árbol Divino, que viene y va hacia un misterio denominado Eternidad. Descifrar al hombre tan solo por su paso por la vida nos parece pobre e incompleto, tal como lo sería juzgar a un árbol por una única fruta. Miles de frutos de las mismas características establecen una especie: aunque el árbol sigue siéndolo también durante el invierno sin flores, sin hojas, sin frutos... Así, la vida sigue siendo vida aunque en un instante faltasen cuerpos humanos en los inviernos de la muerte...

Porque la Vida es una Eternidad, y porque el hombre transita a través de esa eternidad, es por lo que buscamos conocer al hombre por sus creaciones más duraderas, por sus hallazgos más profundos y espirituales, por su esfuerzo en asemejarse a la Divinidad de la cual procede y hacia la cual tiende consciente o inconscientemente.

El simbolismo de las religiones, el lenguaje del arte, la disciplina de la ciencia y el cabal ejercicio de la justicia, son los elementos básicos que, a través del estudio de la historia, nos permiten forjar la imagen del hombre, de sus afanes en la tierra y de sus aspiraciones al misterio eterno de su origen infinito.

Con todos estos elementos, Nueva Acrópolis —la nueva «ciudad alta»— crea un cuerpo de doctrina, eclécticamente conformado con todos los ideales que promovieron la práctica de la virtud, la captación de la belleza, la aplicación de la justicia y el despertar del propio espíritu. El combate acropolitano contra el materialismo en todas sus múltiples expresiones no es más que el resultado de esta otra comprensión de la vida como proceso de pura evolución espiritual, apoyado, sí, en la materia, pero no justificado únicamente en ella.

Para este ideal Nueva Acrópolis, la meta del momento es la plasmación de un Mundo Nuevo y Mejor. Nuevo, no por lo absolutamente original, sino por contraste con el exceso de materialismo y descreimiento en que ahora se vive. Nuevo, no porque nunca nadie lo haya propuesto antes, sino porque son pocos los que se atreven a vivirlo ahora. Mejor, no porque todo lo que tenemos es malo, sino porque debemos perfeccionarlo. Mejor porque el cambio por el cambio en sí carece de sentido si no lleva implícito el ascenso con respecto a un momento anterior.

Las armas con que trabaja el ideal Nueva Acrópolis son dos, indispensables para lograr un equilibrio: mística y acción.

Entenderemos por mística algo que bien definieron los griegos cuando hablaban de «entusiasmo», «Dios en el hombre». Mística es la capacidad de sentir profundamente la raíz divina que late en el hombre. Mística es la capacidad de responder antes bien a esa raíz que al llamado simplemente animal de la materia. Mística es la capacidad de volar, soñar, crear, idear, amar y sufrir en aras del espíritu.

Entendemos por acción, simple y llanamente, la puesta en práctica de todo lo que la mística sugiere, es decir una mística viva.

Desde luego, siendo los hombres distintos en matices los unos de los otros, es imposible pretender que todos respondan de la misma forma ante el toque místico, o que trabajen de la misma manera ante la llamada de la acción.

Dejaremos de lado las falsas expresiones de la mística, las que son solamente vacías posturas de un ritual exterior, las que pretenden una falsa «liberación» del mundo, ya sea por los excesos o por la huida insensible ante los problemas. En cambio, según los diferentes tipos humanos, nos encontraremos con místicos más o menos meditativos y solitarios, y con quienes semejan aguerridos combatientes por la verdad. Si la mística es el vibrar de la Divinidad en el hombre, no deberemos juzgar como menos místicos a los que se vuelcan de lleno en los problemas del mundo, llevados por su amor a la humanidad; el estar volcado en el mundo no es siempre falta de mística ni señal de degeneración espiritual; por el contrario, quienes, a pesar del mundo, siguen vibrando con su Dios interior, han asegurado con toda fuerza su vocación mística.

He aquí, pues, cómo la mística y la acción se encuentran en un punto; cuando por vocación de altura, se enfrenta la labor a nivel humano.

Indudablemente, la acción espiritual no ha tomado la misma forma en todos los momentos de la historia. Bien sabemos que el tiempo se rige por ciclos, y que, a una humanidad conscientemente mística, corresponde una acción apacible y concentrada. Pero cuando el ciclo de la humanidad vira hacia el materialismo, la acción acropolitana deviene un puro remar contra la corriente. Es una acción más agresiva, más directa, que recurre a todos los instrumentos posibles con tal de lograr el retorno al sendero correcto.

El porqué de los ciclos de la historia es extenso tema para introducir en estas simples explicaciones de hoy. Pero lo cierto es que cuando el hombre se reconoce en su integridad, no se ve afectado por los cambios, y persevera en su actitud a pesar de los inconvenientes. Es por eso por lo que el ideal Acrópolis, en su versión del siglo XX, busca una acción inteligente y decidida, que pueda rescatar los valores eternos de en medio de la tormenta; una acción que permita despertar a la mayor cantidad posible de seres humanos para, en conjunto, girar con más precisión, la rueda de la historia; una acción segura y valiente, que no calla ante los errores, pues no siempre el silencio es señal de seguridad, sino que más bien la seguridad incita a la clara expresión de las creencias.

El ideal llamado Nueva Acrópolis que hoy vi y os expongo para invitaros a él, es una filosofía activa, un amor al conocimiento traducido en actos, un reencuentro del hombre con sus ancestros espirituales, una semilla del Mundo Nuevo y Mejor que todos anhelamos.

...un gato

Hoy vi un gato... y no es la primera vez que lo veo porque hace ya un par de años que su callada y tierna presencia me acompaña. Pero hoy lo miré tratando de penetrar su misterio y tratando de comprender su lenguaje animal, tan sencillo pero tan profundo a la vez.

Es un ser pequeñito y hermoso, de pelaje lustroso y claro, de rostro y patitas oscuras. Dicen que su raza se remonta a la lejana Siam, y que es una extraña mutación de tiempos pasados; aseguran que no es exactamente un gato y que el ancestro de los linces se manifiesta todavía en su sangre. Pero yo nunca lo quise por su raza...

Dicen que los gatos no reconocen amos sino casas, y que su afecto está siempre pronto a trasformarse en una agresión. Pero yo he comprobado todo lo contrario...

Nunca exigió su comida, ni jamas la arrebató de mi plato, aunque frecuentemente se sienta en mi falda a la hora de comer. No le he visto precipitarse sobre su alimento ni aun en los momentos de más hambre: cautelosamente ha cogido sus trozos sin hartarse de carne ni de leche. Y si está comiendo y lo llamo, deja la comida para venir hacia mí...

De extraña manera percibe lo que uno siente; la tristeza y la alegría de su ama no le son desconocidas. Nada más desgarrador que sus maullidos ante mi dolor o enfermedad, ante mi desaliento, ante mis caídas...

Vigila atentamente entre las sombras, y corre tras prodigiosos seres que solo él ve. En la oscuridad de la noche, suele librar batallas contra enemigos invisibles, retornando cansado y satisfecho a la cama, como diciendo: «Duerme tranquila, ya no queda ninguno...».

Percibe sonidos imposibles y avisa de presencias lejanas. Advierte cada vez que voy a viajar y dejarlo solo, y un par de días antes de mi regreso, sabe positivamente que voy a volver. Nervioso y casi histérico se precipita sobre las maletas y la ropa, como pidiendo por favor que no le dejen. Pero sabe esperar.

Duerme cuando yo duermo e intenta estar despierto cuando yo lo estoy. Pero el sol que penetra por las ventanas lo adormece suavemente, si bien de tanto en tanto abre sus ojos para asegurarse de mi existencia. Husmea mis libros y escucha pacientemente la misma música que yo oigo. Una vez quise enseñarle a bailar... pero él opinó que eso ya era demasiado.

Hoy lo vi, hecho una bolita reluciente a los pies de mi cama, y vi cuán presta está su hipnótica mirada para seguir mi menor movimiento o llamada. Vi cómo este simple animal me reconoce, no solo con su mirada, sino también con su inquieta naricilla, siempre presta a verificar el perfume de su ama entre los miles de perfumes de las muchas personas que me rodean.

Vi su esfuerzo prodigioso por salir de su inercia y hablar, si fuese posible, por entenderse conmigo. Es verdad que solo maullidos salen de su garganta, pero no son todos iguales. Él tiene una manera especial de llamarme (¡quién sabe cómo es mi nombre en su lenguaje gatuno!), y distintos maullidos sonoros para hacerme conocer sus necesidades.

Pero de todas sus voces prefiero su retumbante ronroneo. Ese «ron ron» no tiene precio alguno en el mundo. Es la forma más pura de afecto que he logrado percibir en este animal, y casi con miedo, me atrevo a decir, entre los muchos humanos que conozco. El ronroneo no pide comida, ni pide abrigo, no exige respuesta ni cosa alguna a cambio: es sencillamente amor, satisfacción de estar otra vez junto a su ama tras muchas horas de separación; es el afecto sensible de un cuerpecito lleno de pelos que se acurruca junto al cuerpo más grande de su ama, levantando hacia ella unos ojos azules infinitos, callados, pero tiernos.

Hay en este mi gato, que hoy vi casi por vez primera, una muda promesa de fidelidad, una nostalgia extraña de tiempos idos que no alcanzo a reconocer y una seguridad de mundos venideros en los que no faltará nunca ese cariño animal, generoso y firme más allá de las enormes distancias que le separan de los humanos.

Hoy vi a mi gato y, es curioso, él también me vio a mí.

...una cigüeña

Hoy vi una cigüeña. Como símbolo de la primavera, ella ha retornado a su nido en la alta torre, y como símbolo de la inexorabilidad de los ciclos, ella cuida el huevo de su nuevo retoño, aquel que nacerá dentro de poco para gloria de la naturaleza y para gozo de la imaginación de los hombres.

Viendo a la cigüeña aprecié una vez más la exactitud de las leyes naturales, y la inteligencia escondida en estos seres que, por lo común, solemos juzgar como un mecánico adorno animal. Es que esta cigüeña no es cualquier cigüeña, ni su nido es un nido cualquiera. Ella es la misma que todas las primaveras regresa desde las cálidas tierras africanas, y ocupa la misma torre, el mismo nido, cumpliendo con el mismo rito, en un alarde de sincronismo del que muchas veces carecemos los humanos.

La libertad de la cigüeña consiste —como dirían los filósofos estoicos— en obedecer a las leyes que gobiernan su expresión de ave. Y entonces, libremente, abandona su nido cuando llegan los primeros fríos, libremente recorre kilómetros y kilómetros hasta llegar a su cálido hogar del sur, libremente espera la primavera del norte y, con la misma libertad, retorna al nido que reconoce como suyo, a su tierra, su torre, su mundo. No creo que medite largamente en su interior antes de emprender sus extensos viajes, o antes de asentarse en sus hogares de verano o invierno. Ella simplemente vive la filosofía natural de su ser alado, y vive un ritmo tan perfecto que fue el que me obligó a verla con más cuidado.

Me hizo pensar en muchos hombres sin alas, que hacen de la duda y la incertidumbre su sistema de vida, que creen que la libertad es precisamente pensar algo diferente todos los días y deshacer hoy lo que se hizo ayer, pues no existe nada perdurable, empezando por el propio hombre. Sin embargo, la cigüeña no duda.

Me hizo recordar la cantidad de niños que nacen sin ser esperados ni soñados, condenados desde un comienzo a su destino de casualidad. Sin embargo, la cigüeña sabe del momento exacto en que todos los años ha de nacer su cría.

Me hizo meditar sobre cuántas veces los llamados «seres racionales» modifican sus actitudes nada más que en función del qué dirán, siempre atentos a la opinión de moda imperante. Sin embargo, el nido de la cigüeña no pasa de moda, ni ella pide aprobación a su vida organizada y estable.

Me hizo temblar de frío —a pesar de la primavera— el constatar que, para los humanos, ya no tiene mayor valor el cambio de estaciones, y el renacer de la naturaleza nos deja tan impertérritos como la misma llegada de la cigüeña a su nido de todos los años. Sin embargo, la cigüeña que llegó, aquella que yo vi, dejó un mensaje de primavera en mi ser, una esperanza de reverdecer, un sueño de niños fantásticos que vienen volando por los aires colgados de su fuerte pico, trayendo la semilla augural de un nuevo ciclo, de una añorada primavera de la historia en la que todos podamos encontrarnos con nosotros mismos. Tras la noche siempre viene el día; tras el invierno, la primavera. Entonces veremos grandes pájaros alados, haciendo nidos en nuestros corazones.

...un ovni

Hoy vi un ovni...

Bueno, en realidad, no sé si lo vi exactamente con mis ojos, pero lo que vi con toda seguridad es el miedo que despierta en los hombres la posibilidad de esos «objetos voladores no identificados».

Durante mucho tiempo, la ignorancia y aun la soberbia inconfesada, han dado por seguro que los hombres eran los únicos habitantes inteligentes de todo el universo. El fenómeno de la Tierra se creyó un fenómeno único e irrepetible.

No obstante, la investigación y el estudio consciente han permitido una nueva visión de las cosas: el universo es un infinito poblado de planetas, y cada planeta, cada estrella, es un misterio en cuanto a las formas de vida que pueden albergar, entendiendo que si la vida ha surgido en la Tierra, bien pudo igualmente abrirse paso en otros miles de puntos del cosmos.

Pero este no es el principal problema. Aceptada la posibilidad de la vida en la inmensidad del espacio, queda por averiguar qué tipos de vida son los que podrían presentarse, si son como el humano que nosotros representamos, y si han llegado a formas civilizatorias superiores o no a las nuestras.

La posibilidad de la vida, sumada al desconocimiento de las formas de vida, han generado miedo entre los hombres. Un miedo a lo desconocido, que podría ser natural, pero que se agrava al adjudicar a los «extraterrestres» las mismas maldades propias de los hombres, en una especie de proyección psicológica...

De pronto, el hombre se ha puesto a pensar en lo que haría si se topase con otros seres inferiores a él... y el hombre ha visto realmente qué es lo que hace con los inferiores: los sojuzga, los encierra, los sacrifica... Del mismo modo, pues, los «extraterrestres» llegarían hasta nosotros plenos de prepotencia, dispuestos a atraparnos y manipularnos cual «bichos de laboratorio».

Todo ello es posible. Pero en el plano de las posibilidades, bien cabe suponer que no todas las formas de vida del universo tengan que ser por fuerza superiores a la nuestra. Y en el plano de las posibilidades –que son, por cierto, de desear– cabe pensar que si otras formas vitales se desarrollan en estadios superiores, habrán igualmente superado la maldad y la mezquindad que les hace destruir aquello que no se les asemeja; que no toda la evolución se mide por el avance técnico de fabricar ovnis; que el alma también evoluciona, y esa es la marca de la verdadera superioridad.

...una estrella

Hoy vi una estrella...

La vi con otras estrellas que Dios puso en los hombres: los ojos. Y así, entre mis ojos y la estrella del cielo se entabló una extraña relación de simpatía y un mismo anhelo de luz.

De pronto se borraron de mi mente todas las extensas enseñanzas sobre los soles que brillan en el firmamento; sobre los años luz de distancia que separan un astro de otro; sobre la materia inconcebible que conforma esos mundos espaciales, y la estrella que vi cobró la nueva dimensión de la belleza. Su mensaje ya no fue el simple hecho matemático de su existencia dentro del magno universo.

Recordé que, desde épocas lejanas, las estrellas fueron asociadas al sino de los hombres y de sus hechos principales. Supe por qué los seres humanos buscaron en las estrellas el resultado de sus vidas. Unas estrellas se abren a la vida con renovado fulgor; otras se opacan y caen lentamente. Placer y dolor, felicidad y tristeza... la rueda eterna del existir también se refleja en las estrellas.

Cierto es que cuando vi mi estrella puse toda mi alma en verla más reluciente que ninguna otra, pidiéndole que su brillo demarcase momentos triunfantes. Y también es cierto que, a pesar de todo, la estrella perdía luz por instantes, pareciendo que, en contra de mi interno sentir, podía apagarse sin más.

¿Qué es una estrella que se apaga? ¿Es un ciclo que acaba, que ella resume en su propia vida? ¿Es malo, acaso, el que una estrella se apague? ¿Es malo que aquello que ha vivido se disuelva lentamente en el espacio, dejando rastros brillantes?

Si la estrella ha vivido, si ha recogido en su espejo de luz momentos gloriosos, si ha cumplido con su destino, el fin es el digno broche de un no menos digno existir. Hay en la muerte de una estrella, hay en el oscuro vacío que ella deja, un misterio más profundo que la misma vida.

¿Qué es una estrella que nace? Es un rayo que se abre paso en el cosmos. Es un viejo ser que, bajo nueva luminosidad, comienza otra vez su destino ante los ojos visibles. Ella tiene una nueva misión que cumplir y nuevos hombres a los que alentar en el camino de la vida, que, al fin y al cabo, es la misma vida para estrellas que para hombres.

Allí es donde se produce la comunión: brilla la estrella del destino, brillan los ojos que la ven, y surge un mágico compromiso. Mientras dure la estrella durará el juramento; mientras haya luz, habrá fuerza; mientras ella palpite en el cielo, habrá vida en el corazón; mientras ella recorra senderos siderales, nosotros trazaremos surcos en la tierra.

Y cuando ella acabe, cuando su luz se esconda tras el manto del silencio, nuestros ojos, acostumbrados a seguirla, se cerrarán simultáneamente para buscarla por mundos insondables, y para regresar en pos de nuevos ideales con su inalterable guía.

Hoy vi una estrella... ¿La volveré a ver?

...un camino

Hoy vi un camino...

Mentiría si dijese que es la primera vez que veo uno, ni tampoco fue la primera vez que vi este camino del que hoy hablo. Pero, en verdad, fue la primera vez que lo vi con estos ojos especiales que se pueden traducir en palabras y experiencias.

Vi el camino como una línea sinuosa que se arrastra por la tierra, adaptándose fielmente a todos sus altibajos, subiendo y descendiendo, torciendo a un lado y a otro, pero siempre a ras de esa tierra que le sirve de apoyo. Lo vi, paciente y seguro, transitar él mismo por otro camino imponderable que es el tiempo... Me contaron mil cosas de este camino, que sirvió para sostener a viejos íberos, valientes romanos, esforzados medievales, soñadores renacentistas... y hoy, cubierto de nuevo asfalto enlaza con rápidas y modernas carreteras, de hombres también rápidos y modernos, de los que difícilmente se detienen a contemplar un camino...

Sin embargo, valía la pena detenerse y ver y escuchar con sentidos sutiles la enseñanza del viejo camino. En su ferviente horizontalidad, él me sugirió la pregunta como contraparte: ¿y dónde están los caminos verticales, los que, subiendo de la tierra al cielo, marcan las rutas del alma? Porque si el hombre fuese tan solo transeúnte de la tierra, le bastaría con deslizarse cual sierpe sobre los caminos terrestres. Pero el hombre marcha de pie: un extremo de su cuerpo se apoya en la tierra, y desde allí se alza vertical apuntando hacia arriba. ¿No tendrá, pues, caminos ese alma que, a fuerza de vertical, logró verticalizar el cuerpo?

Ciertamente, esos caminos existen, aunque tan inadvertidos y desconocidos para el mundo actual que nos permiten sintetizarlos en un solo concepto, una sola palabra: CAMINO. El Camino que me sugirió el de tierra que vi, ya no es de tierra; tiene la fuerza ancestral del espíritu que remonta, y por ello se levanta en tortuosos vericuetos que atraviesan numerosos puertos y encrucijadas de evolución.

No se ve, pero se siente; no se mide en kilómetros, pero sí en tiempo y aprendizaje. No existen de este Camino ni mapas ni señalizaciones que nos ayuden a transitarlo con cierta seguridad, pero es porque no hemos aprendido el lenguaje de esas nuevas señales y mapas que, sin embargo, podríamos reconocer. En viejos sarcófagos egipcios, en el fondo mismo de su cuerpo de madera, se ven complejos trazados de líneas que indican el Camino del Cielo para el que ya ha dejado la tierra. Pero esas rutas hoy nada dicen al profano, si bien fueron la salvación para los entendidos.

Ahora que todo tiende a la comprobación científica, y en gran parte, a la recuperación de los conocimientos que, en muchos aspectos, ya tuvieron los hombres del pasado, deberíamos retomar la ciencia del Camino. No es una nueva ciencia, pues me la sugirió un viejo camino trazado en la tierra, por hombres también muy viejos. Y ya entonces había una intención de camino doble, abajo y arriba, pues a pesar del tiempo transcurrido, el camino que vi hizo brotar en mí la pregunta más antigua de los tiempos: ¿de dónde vengo, quién soy, hacia dónde voy?

Le pregunté al Camino... Soy un hombre atrapado en la materia que surca este camino horizontal. Soy un alma inmortal que viene desde el infinito habiendo bajado por una escala de tiempo vertical para detenerse en este recodo de la vida a recoger experiencias. Voy hacia el infinito, nuevamente, por esforzado Camino vertical que ha tomado la forma de una espiral, sumando a lo horizontal lo vertical, lo humano a lo divino, lo que es a lo que debe ser.

...un castillo

Hoy vi un castillo, y... ¿quién dijo que las piedras no hablan? Las vetustas piedras de este castillo que vi me contaron una larga historia, llena de horas variadas que hoy son apenas tibio recuerdo.

Si supieseis... Siempre hemos imaginado los castillos como escenarios de luchas y contiendas, de guerra y muerte. Pero yo escuché también dulces cuentos de lánguidos atardeceres, de paz y serenidad bajo la luz de las estrellas, de cariño compartido, de anhelos y esperanzas tantas...

Es que el castillo es como un nido de piedra, y solo una clase muy especial de aves puede vivir en él. El castillo es nido que rechaza a los que no son aves de estirpe de castillo. El castillo es el nido de los caballeros, y hoy los castillos lloran la ausencia de sus viejos amos.

Hoy es difícil vivir en un castillo; hay en el hombre una timidez mal entendida que se transforma en chatura espiritual y pobreza de carácter, que le hace preferir las viviendas bajas e igualadas, que le hace temer los amplios templos, los espacios abiertos y la grandiosidad lanzada hacia el cielo de las torres enhiestas. Hay en el hombre un cansancio tal de mirar siempre hacia sus pies, de calcular siempre a la altura de sus ojos, que ya no tiene sensibilidad para volverse hacia las alturas... ni siquiera hacia las alturas de piedra de los viejos castillos.

Hoy es difícil ser caballero, es difícil ser dama, es difícil ser señor en general; tan difícil como saber ordenar con prudencia y obedecer con devoción. Los papeles de la vida están cambiados, y en medio de la enorme confusión, los castillos esperan silenciosos el retorno cíclico de la historia, para albergar nuevamente a sus dueños.

Como siempre, miramos hacia atrás con nostalgia, no solo por los tiempos pasados, no solo por la vida en los castillos, no solo por la investidura de los caballeros y las damas. Lo que buscamos con ansias es una vieja forma de pensar, de creer, de obrar; lo que nos emociona es un claro sentido del deber, una nobleza a prueba de dificultades, y una valentía capaz de luchar siempre de frente con los considerados enemigos. Anhelamos limpieza y verdad, y huimos un poco de las casas chatas, para soñar con las altas torres que nos hablan de vigilancia continua, de ojos abiertos en la noche, de sacrificio y orgullo. Extrañamos la sobriedad de la piedra y su dureza ante los embates del tiempo; queremos otra vez cosas sólidas y estables, castillos que no se derrumben ante el primer soplo de los vientos. Esperamos a los nuevos caballeros, los de la nueva historia, revestidos de armaduras de honor y virtud; los soñamos aun mucho mejores que lo que fueron porque sabemos que de nada vale repetir los hechos si con esa repetición no caminamos un paso adelante en la vida. Nos ponemos de rodillas ante esos callados templos de caballería que son los castillos, y ofrecemos el calor de nuestros sueños y de nuestras acciones para volver a entibiar esos nidos, para que vuelvan a ellos los Señores del Mañana. Seguimos con la mirada la inexorabilidad de esas naves de piedra enclavadas en la tierra, para las que los siglos son apenas minutos, para las que alegrías y dolores son apenas circunstancias en el largo tiempo de la evolución. Y pedimos con todo el corazón poder viajar junto a estos castillos, penetrar el secreto del pasado, y lanzarnos raudos hacia adelante con los remos de la noble acción.

«Dios, qué buen pueblo si hubiese buen señor...».

...una espada

Hoy vi una espada.

Hay cosas que, a pesar del tiempo y de las modas, no varían porque su forma encierra una perfección que deviene de su propia esencia interior. Tal es el caso de la espada.

Por eso no sé si la espada que vi es muy antigua o tiene unos pocos años. He rechazado en mí todo análisis al respecto, para ir más allá del metal del cuerpo y detenerme en el misterio de su forma.

La espada es sobria y fuerte, porque lo que ella tiene que expresar no admite debilidades ni soporta adornos inútiles. La longitud es en ella más importante que sus otras dos medidas, porque trata de operar como una prolongación elástica del brazo humano, supliendo todas las direcciones del espacio con su largo ágil y con su punta hurgadora.

Es maciza allí donde la porta la mano; la empuñadura es el contacto de la espada con la tierra, del metal con la piedra madre: por eso, la mano carnal del hombre coge la espada por su parte de materia. La cruz de la empuñadura es el claro símbolo de la oposición de dos fuerzas fundamentales: la terrenalidad horizontal de la espada, que obra en el campo de la manifestación; y la espiritualidad de la hoja –larga, vertical, erguida, soberana como una llama de fuego–, que es la expresión de la voluntad humana manejando el arma ritual.

La cruz de la espada es sinónimo de estabilidad y seguridad; es el apoyo para la mano. La hoja de la espada es sinónimo de voluntad; es donde asoma el alma. Y así como una espada es incompleta sin empuñadura o sin hoja, el hombre que la lleva es incompleto si no une un alma preclara a un fuerte brazo.

A medida que la hoja se aleja de la cruz de la estabilidad, afina sus proporciones, hasta terminar en un solo punto, la más simple expresión, y la más positiva, de la voluntad en acción. En la punta de la espada no hay dudas, no hay vaivenes, sino tan solo unidad; toda dualidad ha sido eliminada y es entonces cuando la acción se manifiesta plenamente. La punta es la primera que penetra porque en ella no hay oposiciones.

Así como la hoja de la espada debería ser la voluntad del hombre: firmemente apoyada en la tierra, y sublimadamente afinada en los planos de la acción. La decisión humana es como la punta única de la espada, que vence obstáculos, llevando tras de sí la fuerza de una larga hoja y una poderosa empuñadura. Pero no son la hoja y la empuñadura quienes comienzan la acción...

De allí que todos los pueblos con historia y tradición hayan volcado símbolos mágicos y místicos en la espada. Muchos fueron los que aceptaron que en esta arma residía una garantía espiritual suficiente como para proteger al guerrero, no solo de las acechanzas físicas, sino asimismo de las psíquicas. La espada luchaba entonces contra fantasmas, genios nocturnos y malignos, sombras e ideas nefastas.

De allí que se haya considerado la espada como distintivo del caballero, del Hombre con mayúsculas.

Y nada nos extrañan los testimonios de los caballeros cuando afirmaban que la espada era compañía inefable en sus vidas, prodigio de seguridad y fuerza, de entusiasmo y sentimiento divino, de valor llevado a los límites del heroísmo.

Hoy vi una espada y, al cogerla entre mis manos, sentí el frío ardiente de su metal, la energía poderosa que transitaba desde ella hasta mi cuerpo. Sentí que casi no había distancia entre mi mano y ella: eran una sola cosa, una unidad al servicio de una voluntad. Y recordé a los viejos caballeros... Y añoré a los nuevos.

Porque vendrán los nuevos caballeros a combatir las sombras con la fuerza de la voluntad. Si las espadas no han muerto —y hoy yo vi una— ¿por qué habrían de morir los caballeros?

...las arenas del desierto

Hoy vi las arenas del desierto.

Allá en el viejo Egipto, en donde reina la sequedad del dios Seth, vi esas arenas doradas, finas y calientes que sumergen todo cuanto queda al alcance de ellas.

Este desierto dorado constituye uno de los extremos de la vida: es el de la muerte. Pero es una extraña muerte que nada tiene de oscuro ni de tétrico. Por el contrario, se viste de brillantes colores durante el día, y asume formas variadas al correr del viento; cuando calienta el sol, ella es caliente, y cuando refulge la luna, es refrescante y suave como la misma noche.

Aunque parece vivo, el desierto es una invitación a la muerte. La frontera es tan sutil como un paso más allá, donde se pierde la ruta y el rastro; como un poco más de sol, donde el calor es delirio y visiones fantásticas; como un camino que no tiene fin porque es el infinito donde las cosas de la tierra pierden sentido, y se desmenuzan como la arena del desierto...

Pero este desierto no es omnipotente. Hay una fuerza que lo detiene y paraliza: es el otro extremo de la vida: la vida misma diferente de la muerte, la que el dios Osiris vistió de río Nilo.

Por donde corre el río, van de la mano la fertilidad, la pujanza y el verde. Las arenas retroceden y la sequedad da paso a la deliciosa humedad de las aguas que embellecen todo lo que tocan. La frontera de la vida es tan sutil como una gota de rocío, como un tallo que se alza en la ribera, como un ibis blanco que revolotea entre las ramas, tan eterno como el mismo sicomoro que lo alberga.

Lo seco y lo húmedo. La vida y la muerte. Lo árido y lo fértil. El dorado y el verde. El sol que quema y el sol que calienta. En una palabra: Seth y Osiris. Nada más opuesto que ellos dos. Pero estos dioses son hermanos. El uno es sombra y el otro es luz. El uno es desierto de arenas y el otro es vergel de aguas; pero son hermanos. Es decir: el uno no puede vivir sin el otro.

Las arenas del desierto también me han dejado su lección. Ellas representan una cara de la moneda que nosotros llamamos existencia. En las arenas se esconde el misterio de viejas construcciones fantásticas, de sabios sacerdotes desaparecidos, de conocimientos hoy perdidos. La arena guarda, protege en su inmensidad el tesoro de un tiempo ido, que ahora parece muerto, pero que puede renacer en cualquier momento por la magia de una gota de agua... Bajo las arenas están las tumbas, pero las tumbas aún recogen viejos colores que no han perdido el brillo...

En la corriente del río está la otra cara de la moneda: es la vida manifiesta, la que corre incansablemente hasta cumplir con su cometido. Aquí las flores se abren, los animales emiten sus sonidos, los hombres trabajan y se afanan por mantener esa chispa de existencia que los alienta y que comparan con la felicidad.

Pero pronto bajará la noche. Las arenas cobrarán su presa, y hasta donde el río lo permita, amparado por la oscuridad, el desierto volverá a guardar tesoros. Volverá a vestir de muerte y olvido las viejas formas, para que ellas descansen y recobren energía, antes del momento de renacer.

Seth y Osiris se turnan como la noche y el día. Ambos hermanos revisten un misterio. El límite entre uno y otro es apenas un paso en las arenas de desierto...

...el viento

Hoy vi el viento... y más que verlo con los ojos normales, fue «sentirlo» vivo y muy cercano, como nunca hasta ahora. Y es que vivimos sin ver, o lo que es peor, vivimos sin «vivir» aquello que nos rodea y aun lo que nos sucede.

¿Qué puedo contar acerca de este viento que vi, que ya no esté recopilado en innumerables libros de ciencia? Los expertos nos cuentan que se trata de corrientes de aire que se desplazan de un lado a otro, llevadas por las diferencias de presiones... pero el viento es mucho más que eso. Contentarnos con tan pobre descripción equivaldría a aceptar la definición de «hombre» nada más que por su apariencia física.

Hoy vi al viento en su personificación acabada del alma de la Tierra; no el alma en cuanto a lo que podríamos concebir como superior y sublime en nuestro planeta, sino tan solo —con lo que todo ello supone— el «ánima», lo que le da vida psíquica, lo que le concede el calor del sentimiento, lo que expresa sus más complejas pasiones.

Así, este viento es la psiquis de la Tierra, que corre sin cesar de un rincón a otro, en busca de quién sabe qué perdido equilibrio. Es la viva imagen del mundo de las emociones, donde caben desde las más suaves y delicadas brisas hasta las más terribles tempestades.

¿Quién no se detuvo alguna vez a observar la infinita variedad de matices que nos ofrece el viento? ¿Quién no sintió alguna vez el placer de la suave caricia del aire plácidamente desplazado en las tardes de verano? ¿Y quién no se sintió sobrecogido por los aullidos del viento desatado en las noches tormentosas? ¿Quién no ha sentido el impulso de devolver la caricia de la brisa rumorosa, y quién no se ha visto detenido por el miedo a los rugidos del viento salvaje?

Esto es, pues, lo que he visto: la naturaleza entera expresando su sentir a través del aire en forma de viento. Vi sonrisa y dolor, quietud y ráfaga, anhelos y sueños perdidos, recuerdos y esperanzas... Vi que la misma naturaleza no puede evadir el suplicio más grande del hombre: el sufrimiento. También ella sufre, aun cuando sonríe apaciblemente, pues se trata apenas del breve descanso antes de la nueva batalla. Es el viento huracanado el que refiere el dolor ilimitado de un equilibrio que no llega a aparecer; estos vientos corren, gimen, se arrastran y gritan en pos de «algo» que saben suyo y no recuerdan dónde ha quedado. En su camino apasionado barren con todo arrasándolo, como queriendo buscar debajo de cada piedra y en el corazón de cada raíz la armonía que habrá de permitirles un reposo sereno.

Vi que el viento no es ajeno al hombre, sino que, al contrario, lo traspasa y lo tiñe con sus características. ¿Hay acaso algún hombre sin viento? ¿Algún hombre que alguna vez no haya sonreído apaciblemente, o que no se haya sentido trastocado por sus ráfagas interiores? También en nosotros existe este mundo psíquico de vientos que, por momentos, todo lo arrasan, corriendo cual posesos detrás de la misma armonía superior que preocupa a la naturaleza toda.

También en el hombre hay brisas encantadoras y tormentas salvajes. El mismo viento que barre la naturaleza sin que aparentemente se lo pueda dominar, barre nuestra psiquis sin que aparentemente podamos nada contra esa fuerza arrolladora.

Queda la esperanza que recogimos en los viejos y simbólicos cuentos infantiles: convertirse en mago y encontrar el sonido específico que detenga la loca carrera del viento, hacerlo girar y moverse al compás de nuestra música apaciguadora.

El sonido detiene al sonido: pero antes de hallar la nota armoniosa del equilibrio, hay que empezar por aprender el canto majestuoso del viento, del que todo lo penetra, del que gime con iguales cuerdas entre las hojas de los árboles y entre las aspiraciones humanas. El viento nos habla: aprendamos a escucharle en sus instantes de paz y en sus rugidos impetuosos, y tan solo entonces podremos canalizarlo con el secreto del tesoro perdido, de aquel que busca con tanto afán en los más apartados rincones de la Tierra.

Su secreto es el nuestro. ¿Cuándo podremos ver aquello que buscamos sin saber dónde lo hemos perdido?

...el mar

Hoy vi el Mar...

Imagen misma, con su ondulada mayúscula, de la Mater, la Madre –Maya, María– reflejada en la Materia Primordial y acuosa, que encierra en su seno profundo el origen recóndito de las más primitivas formas de vida.

Dicen que la naturaleza guarda símbolos lo suficientemente intensos como para despertar el alma adormecida de los hombres. Y viendo el mar comprendí que esto es cierto.

Desde hace miles y miles de años, muchos hombres –al igual que hoy nosotros– se han asomado al misterio marino, y han escrutado con ojos de pregunta el porqué de su imponente presencia.

Desde hace miles y miles de años se relacionó al mar con la materia primera, con el prototipo caótico de la existencia horizontal que solo adquiere sentido cuando es impactada por un impulso vertical.

Y hoy vemos el mar, desde las más diversas orillas, y él nos sigue sugiriendo idénticos enigmas.

Si, según los filósofos, el tiempo es la imagen móvil de la eternidad, entonces el mar es tiempo. Hay en su movimiento continuo la misma raíz que lleva al hombre a evolucionar de minuto en minuto, sin cesar jamás, sin asemejarse del todo un momento a otro, pero sin dejar tampoco de asemejarse. No hay dos olas que resulten idénticas, ni dos estallidos de espuma que se igualen, y aun la aparente quietud de su superficie encierra el mismo estado de alerta con que el felino se agazapa antes de atrapar a su presa.

Y el mar es eterno. Para el breve chispazo de aliento que los hombres llamamos vida, la duración del mar es la vida de lo infinito. Él estuvo siempre, y aun cuando tratamos de imaginar el final de los tiempos, asoma el mar en nuestras ventanas de la fantasía, llenándolo todo con su magnificencia, como en el comienzo de las cosas.

Si, según los filósofos, el cambio continuo es la imagen femenina de la naturaleza, la imagen de la ilusión en la cual nos desenvolvemos, entonces el mar es femenino e ilusorio. Sus cambios son imprevisibles, y la maravilla de sus mil variables formas supera los más atrevidos pronósticos. Sus múltiples colores tienen la intriga de la mirada de la mujer —la Mater Materia— que oscila desde los más puros azules, pasando por los exóticos verdes, hasta llegar a los mágicos y densos grises nebulosos. Y sin embargo, el agua, entre los dedos, es transparente... Por eso es ilusión.

Si, según los filósofos, la fuerza es el símbolo masculino de la naturaleza, entonces el mar es tan fuerte como un hombre, con sus bravos brazos de espuma, poderosos en su cóncava curva, capaces de arrasarlo todo y llevarlo consigo hacia sus moradas profundas.

Si, según los poetas, viajar es conocer, y conocer es descubrir secretos en la naturaleza, entonces el mar es viajero incansable que diariamente viene y va de una orilla a otra del mundo, trayendo en sus blancos dedos el testigo presencial de los rincones por los que ha pasado.

Si, según los poetas, la generosidad es la cualidad del corazón siempre abierto dispuesto a recibir dolores y transformarlos en sonrisas, entonces el mar es generoso. Él recibe por igual a todos los ríos del mundo, que le buscan infatigables para hallar reposo y consuelo en sus abismos. Él cubre, estético y pudoroso, las fealdades de lo viejo y muerto, lavando con sales brillantes lo perenne y joven.

Si, según los poetas, las gotas de lluvia son llanto del cielo, el mar es llanto y es cielo, pues levanta de su masa poderosa la llamada del vapor que sube buscando altura, y no habiendo alcanzado la morada de los dioses, retorna llorando a contar su nostalgia metafísica.

Si, según los hombres, es necesario construir puentes para crear uniones, entonces el mar es pontífice de extraña ceremonia, relacionando los mundos y civilizaciones, portando ideas y hombres, barcas y sueños, derrotas y conquistas. Y mientras esto sucede, el mar guarda en su seno el recuerdo palpitante de tiempos pretéritos, celoso de sus secretos, que solo participa cuando, llegado el momento, el hombre no solo bucea en busca de tesoros, sino de sabiduría.

Y es entonces cuando el hombre, gracias al mar, a la Mater, es también poeta y filósofo.

...un río

Hoy vi un río, y me resulta harto difícil describirlo... Me pareció tan bello que quise perpetuarlo en una imagen, una fotografía, pero ¿qué imagen o fotografía puede atrapar la corriente de un río?

Este, mi río del norte, no es muy ancho ni muy caudaloso; es casi fácil cruzar de una orilla a la otra, y el fondo del cauce se ve perfectamente de tan cristalinas y poco profundas que son sus aguas. Pero es un río hermoso y feliz.

¡Cuánta añoranza me ha provocado este río! He visto en su sencillez una fórmula de vida que los humanos difícilmente logramos alcanzar. Él sabe hacia dónde corre y nada le hace desviarse en su recorrido; él va inexorablemente hacia el mar, y cada movimiento que realiza lleva impresa la ansiedad por la Mar Madre que le espera al final del camino. Pero este río es sabio: para él la inexorabilidad de su destino no es sinónimo de fatalidad. Su destino inexorable es felicidad: el río canta a medida que avanza y canta aún con más fuerza cuanto más cerca advierte su meta. El río sabe quién es y hacia dónde va.

Mi río tiene alma de agua, pero él es también de la tierra y del cielo; y todo el aire a su alrededor goza con el sonido de su carrera. Es tan limpio y brillante que la tierra que le sirve de apoyo se ve desde lo alto, tapizada por las hojas doradas que el otoño depositó en el fondo, para mezclar el color ocre con el oro. Y es, como decía, tan limpio y brillante, que el azul del cielo se refleja en su espejo, dándole aspecto de inmensidad espacial.

Mi río es paciente; él ha nacido hace muchísimos años, y desde el misterio de sus rocas montañosas, él comenzó a tallar su ruta de salida. Yo querría, como él, surgir recién nacida del misterio de mi origen y haber podido construir con mi esfuerzo mi propio sendero.

Mi río tiene nombre de dios antiguo, y yo creo que, sin entender de los cambios de los humanos, él continúa adorando a Aquel que le ha dado nombre, y —por qué no— vida.

Mientras el río me acompañaba en mi recorrido, yo por tierra seca y cansada, y él por tierra húmeda y vibrante, recordé una vieja tradición de otros pueblos. Entonces, hace tiempo, se explicaba que cada hombre prepara su propio «paraíso» mientras está en la Tierra, atesorando sus experiencias más valiosas, y recogiendo los elementos más estéticos y nobles con los que adornará la nueva morada más allá del cuerpo.

Fue entonces cuando hice un mudo ruego al río que vi: grabé muy hondo su imagen en mi alma, y le invité a que me acompañase en mi paraíso soñado. Ni siquiera se me ocurrió preguntarme si seré o no digna de un paraíso. En ese momento fui tan vieja y ancestral como el río: yo solo quiero un ejemplo vivo de constancia y alegría para poder imitar. Bueno o malo, este paraíso que vendrá, lo espero junto a mi río, el que hoy vi y quiero seguir viendo siempre.

Desde este recodo de mi vida, me despido de ti, hasta un nuevo encuentro, aquí o Allá.

...la nieve

Hoy vi la nieve...

Pero no era la nieve suave y graciosa que, en las ilustraciones navideñas, suele adornar las ramas de los árboles. Era una nieve espesa, fría, insistente y tempestuosa que se abatía sobre todas las cosas: sobre los árboles, sobre las casas, sobre los hombres, sobre los caminos y los ríos, cubriéndolo todo, como si necesitase ocultar el mundo con furia enloquecida.

Recordé las viejas tradiciones que nos hablan de la Tierra, nuestro planeta, como un ser vivo, con sus ciclos buenos y malos, con salud y con enfermedades. Recordé cómo los antiguos sabían que la Tierra, cuando se siente enferma, se cubre con blanco manto, y descansa largamente debajo de la nieve protectora, hasta que el paso de las centurias le devuelve la salud.

Y vi a la Tierra enferma... tal vez por ella misma, tal vez por los hombres que en ella vivimos... La vi sufriendo por el dolor que entre los humanos impera, por la violencia, por el daño gratuito, por la incomprensión, por el olvido de toda forma de nobleza... Y la vi llorando con lágrimas blancas y frías, tapándose su piel de tierra para disimular tanto mal.

Esta nieve tempestuosa hablaba a los hombres. Bastaba con abrir los ojos, verla y comprender cuanto ella intentaba decir. Nos mostraba cuán inútil es la grandiosidad de las construcciones materiales, por cuanto basta con que ella las cubra para que dejen de prestar utilidad. ¿Dónde estaban las calles? ¿Dónde las fantásticas carreteras? ¿Qué diferenciaba una casa de otra? ¿Cómo caminar? ¿Cómo aprovechar los modernos automóviles y transportes si el frío y el hielo son más fuertes que ellos? De pronto, todo había cobrado un matiz de vasta y blanca llanura, en la que el hombre se sentía solitario e indefenso, y donde la más pequeña distancia se tornaba difícil y casi insuperable...

Pero la tormenta no fue eterna. Así como vi la nieve, vi también salir el sol. Tímido y pálido en principio, fue cobrando vigor poco a poco hasta iluminar un cielo que iba cambiando el gris plomizo por el azul claro. Cesaron las lágrimas blancas y frías. El manto de nieve se fue disolviendo y las cosas asomaron nuevamente, limpias y brillantes de agua, tras la purificación que habían recibido.

Y recordé las viejas tradiciones sobre la bendición del sol...

Nunca me pareció tan bello; nunca lo esperé con más ansiedad. Nunca sentí tan profundamente la maravilla de su diaria y muchas veces inadvertida presencia.

Supe que también los humanos podemos enfermarnos de nieve, de frío, de blanco manto piadoso que oculta los horrores del error, la debilidad, la mentira y la impiedad. Supe que entonces los hombres quedamos congelados, rígidos dentro de un hielo que es nuestra propia materialidad. Pero supe que, asimismo, puede asomar el sol interior en los humanos, y calentar con su potente luz, hasta derretir la nieve del invierno que hoy vivimos.

Todo esto vi, y el sol que iluminaba el cielo me pareció la imagen más semejante a aquel otro sol espiritual que aparecerá iluminando los ojos de los hombres.

Tuve la certeza de lo inexorable, de la brillante luminaria que asoma todas las mañanas, aunque en oportunidades las nubes de la tormenta nos impidan su visión. Y tuve una duda, una rápida ráfaga de duda que me asaltó, sacudiéndome: Y nuestro sol, el que duerme en el interior de cada hombre, ¿aparecerá mañana? ¿No será demasiado tarde? ¿No llegará la nieve a desdibujar el contorno humano? ¿Tendremos acaso fuerza de dioses para ayudar a girar los astros de nuestro mundo espiritual?

Si así fuese, así como hoy vi la nieve, mañana veré el sol.

...una gota de agua

Hoy vi una gota de agua. Es terrible comprobar que hace falta «ver» mucho y durante mucho tiempo para, por fin, poder prestar atención a una pequeña gota de agua.

Cuando las pretensiones son exageradas, nos gusta soñar con grandes cosas, grandes conocimientos, grandes misterios, grandes palabras... Entonces lo pequeño y lo simple escapan de nuestra visual. ¿Qué tiene, después de todo, una gota de agua?

Sin embargo, a medida que pasa el tiempo y se llena nuestro vaso de vida, en lo más sencillo vemos la síntesis completa de lo más complejo; lo más diminuto se manifiesta como germen de lo infinitamente amplio. La gota de agua brilla tal cual el mismo universo.

He visto en la minúscula gota la esfericidad de su forma, que tiende, con la tenacidad de todos los seres, hacia la perfección. Sus líneas curvas me hablaron de un largo esfuerzo por dominar aristas, por redondear defectos; me hablaron de una lejana y a la vez presentida armonía que rige el cosmos en su eterna redondez.

He visto su transparencia: mientras millares de piedras, árboles, animales y hombres nos movemos dentro de la opacidad de nuestros cuerpos, la gota de agua deja que la luz la atraviese limpiamente, haciendo brotar mil y un colores maravillosos a su paso. Mientras nosotros ni vemos ni dejamos ver a través nuestro, la gota de agua se abre al mundo, cristalina y pura para recogerlo todo y entregarlo todo a su vez; en su transparencia nada queda atrapado y todo circula con la misma fuerza con que el mundo se dirige a su destino.

He visto —con los ojos de la experiencia y la imaginación— la fantástica cantidad de reducidas vidas que se expresan y se nutren dentro de la gota de agua. Siendo translúcida, está, no obstante, llena de vida; cuerpecillos no mayores que un átomo pululan con igual libertad que en el mejor de los planetas. He visto su mínimo tamaño. Lejos de representar una pequeñez en todos los sentidos, he comprobado que, por el contrario, lo que está justamente expresado no necesita de excesiva materia para hacerlo. La gota de agua lo dice todo con su menguada forma.

Cuando lo grande y lo pequeño se suman de manera tan prodigiosa; cuando el cosmos y la gota de agua se ven semejante el uno a la otra; cuando en la sencilla pureza de lo que nunca habíamos observado se nos muestran de pronto cientos de secretos escondidos, entonces estamos en el misterio de una nueva forma de expresión. Podemos entender y hacernos entender de una nueva manera; podemos escuchar y hablar en otros términos diferentes.

En ese momento, las grandes peroratas y las difíciles elucubraciones se nos antojan espesas capas de barniz que sirven para ocultar nuestra ignorancia y nuestro miedo ante el infinito. Cuanto más hablamos y más definimos, cuanto más oscuras hacemos nuestras explicaciones, más revelamos nuestro desconocimiento de aquello que intentamos explicar. La sencillez de la gota exige otra sencillez de alma, otra sencillez de lenguaje, otra sencillez de sentimiento y de ideas.

El infinito es temible cuando nos dejamos agobiar por la sensación de aquello que no tiene fin... y es cierto que no tiene fin, pero en cambio puede tener una unidad de medida o de criterio que nos permita valorarlo. Lo infinitamente inmenso no tiene cabida en nuestra mente; lo infinitamente pequeño e indivisible no tiene cabida en nuestra imaginación; la gota de agua nos sirve de ejemplo, como lo pequeño que esconde vidas más pequeñas aún —y entonces es grande— y como lo pequeño que puede sumergirse en el océano —y entonces es pequeña—.

Hoy vi una gota de agua... y he aquí que esta visión ha completado todas aquellas otras imágenes que haya tenido o pueda tener. Hoy vi cuánto era y qué pequeño era lo que tenía que ver...

Made in the USA
Columbia, SC
05 March 2024

32757510R10126